경제 순환과 IS-LM 분석

이 주 훈 저

계 축 문 화 사

머 리 말

너무 오래 지나간 과거라서 내가 대학 교단에 처음 섰을 때가 기억이 잘 나지 않는다. 아마 1978년경 이었던 것으로 기억된다. 그 당시에 교육조교인 TA(Teaching Assistant)를 하면서 경제학과 학생들에게 두, 세과목의 전공을 가르쳤고, 사법고시를 준비하는 학생들에게 경제학을 지도한 적이 있다. 처음 학생들을 가르쳤을 때 나는 몹시 흥분된 상태였다. 그리고 내 자신도 변변치 못하면서 내가 가진 모든 것을 전해주려 안달을 했었다. 나의 인생에서 너무나 아름다웠던 시절이었던 것 같다.

그 후 1990년 지금의 내가 몸담고 있는 한서대학교와 인연을 맺기 시작했다. 이대 당시에만 해도 내가 옛날 조교시절과 크게 달라진 것은 없었다. 엄청난 의욕과 애정을 갖고 시작 했다. 한서대학교에서 지나온 날들을 돌이켜 볼 때 나는 많은 시행착오를 겪었던 것 같다. 어떤 면에서는 너무 의욕만 앞세웠지 않았나 하는 생각도 든다. 우리 학생들에게 알맞은 전공교재, 그들이 쉽게 이해 할 수 있고 더 많은 관심을 가질 수 있는 교재를 만들고 싶었다. 그러나 이러저러한 핑계로 그것도 하지를 못했다.

그런데 한국의 지방대학들이 어려움을 겪기 시작할 무렵, 나는 그 돌파구를 해외에서 찾고자 했다. 그래서 지금은 내가 속해있는 국제통상학과에는 내국인 학생들 이외에 중국학생들도 70명 정도가 학업에 열중하고 있다.

한국어가 서툰 중국학생들에게 경제학이라는 전공을 가르친다는 것은 그리 쉬운 것이 아니다. 그러나 1년, 2년 시간이 흐르다 보니 이제 거의 한국학생들 수준에 도달해 있다. 많은 경험을 쌓을 수 있었다. 그래서 경제학에 관심을 갖고 있는 초보자를 대상으로 그리고 외국인 학생들을 대상으로 그동안 내가 강의에서 사용하던 강의노트를 정리하여 경제학 교재를 출간 하고자 한다. 물론 이 책은 보완해야 될 부분이 너무나도 많다. 시간을 두고 보완하여 좋은 교재가 될 수 있도록 최선을 다할 것이다. 아무쪼록 이 책을 접한 학생들이 경제학을 쉽게 이해하여 흥미를 가질 수 있기를 희망한다.

2009. 11. 천안 자택에서

목 차

제1장 국민 소득과 경제 순환

제2장 수요측면

제3장 공급 측면

제4장 고전학파 경제모형

제5장 케인지안의 경제모형 I

제6장 케인지안의 경제모형 II

제 1 장
국민 소득과 경제 순환

제1장 국민소득과 경제 순환

우리가 지나온 지난 과거는 경제적으로 좋았던 때도 있었지만 어려운 때도 많았었다. 우리는 1920년대 후반부터 시작된 세계대공황이라는 어려운 상황을 겪었고, 1970년대 석유 파동을 거처 1997년에는 아시아 외환위기라는 관문을 통과하였다. 그리고 2007년부터 지금까지 미국의 월스트리트에서 시작된 세계 금융위기를 맞이하여 다시 한 번 어려운 시련을 겪고 있다.

우리 모두는 보다 나은 삶의 수준을 간절히 희망한다. 그래서 보다 증대된 소득 수준에 도달하기를 원한다. 그렇다면 인간의 삶의 수준과 직결된 국민소득이란 무엇인가? 여기에서는 사람들의 삶의 수준을 나타내는 경제지표인 국민소득에 대해 살펴보기로 한다.

1.1 세계대공황에서 미국 발 금융위기까지

1.1.1 세계대공황과 석유 파동

세계대공황은 1929년 10월 미국의 주식시장이 붕괴되면서부터 시작하였다. 1933년 무렵 은행대출의 약 40%가 주식을 사기 위한 것이었고 모기지 연체율도 약 40%에 달했다. 또한 실업률은 25%이상이였으며 1933년 당시에는 증시시가 총액의 90%가 사라져버리는 결과를 가져왔다. 이에 따라 세계 각국은 국가의 주요산업을 국유화 하는 등, 국가의 적극적인 개입이 시작 되었다. 이로 인해 세계 각국은 국가 간 관세 인상 등 보호 무역 조치를 취했고 국제 무역은 크게 위축되어 내수와 수출 모두 극도의 침체 상태에 빠지게 되었다.

이에 정부는 내수 위축에 따른 세수 부족을 위해 세금을 더 증액 시켰고 중앙은행은 금리를 올렸으며 시장의 유동성을 흡수 하는 등 강력한 금융규제를 실시하였다. 그 결과 전 세계는 대 공황에 빠져들게 되었다.

그런데 세계대공황은 이 시대의 경제학자들(고전학파)로서는 뚜렷한 타개책을 갖고 있지 못했다. 이 같은 극심한 불경기의 난관을 벗어날 수 있게 한 학자는 케인즈였다. 고전학파는 이 당시에는 경제구조를 정확히 인지하지 못하였으므로 타개책이 없는 것은 지극히 당연한 것이었다. 이때 케인즈라는 영국의 경제학자가 새롭게 변한 경제 환경을 정확히 분석해 냈다.

이후 1973년과 1979년 두 차례에 걸쳐 석유 가격이 치솟는 석유 파동이 일어났고 이로 인해 오일 머니가 등장하게 되었다. 또한 석유 자원국을 제외한 여러 국가들은 이로 인해 경기침체를 겪게 되고 전 세계는 경기침체와 인플레이션이 동시에 발생하는 스태그플레이션을 맞이하게 되었다.

1.1.2 신 자유주의와 아시아 외환위기

석유 파동이후 미국을 중심으로 하여 새로운 경제구조가 나타나기 시작했는데 이것이 바로 신 자유주의이다.

작은 정부 큰 시장, 세계화와 민영화, 경쟁 촉진 등을 핵심 과제로 하고 있는 신 자유주의는 그 후 2007년 미국 월 스트리트로부터 시작된 금융위기를 통해 미국식 신 자유주의의 비판을 받게 된다.

1997년에 발생한 아시아 외환위기 또한 금융위기이다. 그러나 이는 아시아에 국한된 특징이 있다. 이 시기에 아시아 국가들의 기업과 금융기관들은 연쇄 도산 하였다. 이 같은 아시아의 금융위기에 대한 대처방안으로서 미국은 IMF를 내세워 미국식 standard를 강조하였으며 우리 정부도 강력한 긴축 재정, 금융정책을 실시하였다. 그 결과 아시아의 많은 국가들은 극도의 내수 침체를 맞게 되었다. 만약 아시아의 금융위기가 전 세계적인 위기로 이어졌다면 그 결과는 엄청난 파장을 몰고 왔을 것이다.

그러나 참으로 다행스럽게도 아시아의 외환위기는 아시아를 제외한 타 국가들이 보호무역정책을 구사하지 않았다. 이로 인해 아시아 국가들은 그 활로를 국제무역에서 찾을 수 있었으며 신속한 기간 내에 금융위기를 극복 할 수 있었다.

아시아에 있어서 특히 일본은 1990년대를 "잃어버린 10년..."이라고 말하고 있다.

일본은 내수침체에 따른 세수 확보를 위해 조세를 늘렸고 금리를 올렸다. 이에 따라 엔화가치가 치솟게 되고 이로 인해 수입 물가가 낮아지게 되었다. 일본의 국내기업들은 경쟁에서 살아남기 위해 낮아진 수입물가와의 싸움에서 자사의 제품가격을 낮출 수밖에 없었고 이로 인해 deflation현상이 발생했다. 예전과 동일한 금리 수준 하에서의 deflation현상은 주택 가격을 하락시키게 되었다. 그래서 지속적 주택가격 상승을 예상하고 차입에 의존한 대량의 주택 구입자 들은 결국 하락된 주택 가격으로 인해 엄청난 부채를 앉게 되었고 이로 인해 일본 전체에 심각한 경기 침체라는 결과를 낳게 되었다.

1.1.3 미국 발 금융위기

2007년 6월 subprime mortgage사건을 시작으로 2008년 3월 베어스턴스가 상업은행인 J. P모건에게 인수를 당하게 되고, 2008년 9월에는 Lehman Brothers가 6130억 달러의 부채와 함께 파산 보호 신청을 했으며 세계 최대 증권사인 Merrill Rynch가 Bank of America에 합병 당했다. 또한 미국 최대 보험사인 AIG도 FRB에 긴급 자금지원을 요청했고 그 이외에 Washington Mutul, Fannie Mae, Freddie Mac등도 정부의 엄청난 공적 자금투입이 이루어 졌으나 일주일을 버티지 못하고 금융시장은 극도의 불안감에 싸이게 됐다.

초기의 subprime mortgage 사태는 금융당국의 적절한 감독과 통제 없이 수익률을 높이려는 Money game에만 몰두해온 미국식 금융자본 주위의 취약점을 드러낸 것이다.

이로 인해 Sell America라는 미국 자산 투매 현상 까지도 발생하게 되었고 세계무대에서의 미국의 입지도 다소간 후퇴하는 양상이 되었다.

2008년 10월 미국 증시 폭락은 다우 지수 112년 역사상 가장 최악으로서 증시정점과 비교할 때 무려 8조 4000억 달러가 공중 분해되었다. 이는 232년간 미국의 누적 채무와 동일한 액수이다.

2007년 미국의 GDP는 13조 2018억 달러로서 2위의 일본, 3위의 독일, 4위의 중국, 5위의 영국, 6위의 프랑스 GDP를 모두 합친 것과 같다.

이 같은 엄청난 국가 규모를 갖고 있는 큰 나라의 한 가운데서 발생한 초대형 금융위기는 미국과 유기적 관계를 맺고 있는 세계 여러 국가들에게 직격탄을 날리게 되어 1929년의 세계 대공황과 같은 사태가 발생 할지도 모른다는 우려를 낳게 까지도 하였다.

이 같은 사태에 즈음하여 미국은 대통령이 사태의 일선에 직접 나서지 않았다. 대신 1929년 세계대공황을 전문적으로 연구했던 버냉키 FRB의장과 세계 최대 투자은행인 골드만삭스의 회장으로서 실물경제 최전선에서 활약했던 폴슨 재무장관이 전면에 나섰다.

조세를 줄이고 금리를 내리며 정부가 앞장서서 세계 각국들과의 공조하에 시장에 유동성을 공급하였다. 또한 금융규제를 강화하고 공적자금을 투입하며 부실 금융회사를 국유화하는 등 특단의 조치를 취했다. 그리하여 2009년 말경에 이르러 세계 각국들은 기나긴 어둠의 통로에서 조금씩 벗어 나오는 징후를 맞게 되었다.

1.2 삶의 수준

거시경제정책은 시대에 따라, 국가에 따라, 다르게 수립되고 다르게 시행되어 왔다.

1929년의 세계대공황이라는 금융위기 시에는 조세를 증가 시키고 금리를 올렸으며 시장의 유동성을 흡수하였다. 또한 세계 각국은 보호무역조치를 취하여 국제무역이 크게 위축되었다. 그러나 2007년 미국발 금융 위기시에는 1929년의 세계 대공황과는 정반대의 정책을 실시하였고 그 효과는 대단히 성공적이라는 평가를 받고 있다.

어떤 정책을 선택하여 실시하는가 하는 것은 세계 각국의 모든 국민들의 삶과 직결되어 있는 문제 이므로 지극히 예민하고 언론의 중요한 대상이 되며 정치적 논란의 대상이 되고 있다.

성공적인 거시 경제 정책은 국민들의 삶의 수준을 윤택하게 한다. 인간의 행복한 삶이란 무엇인가? 삶은 질과 양으로 나눌 수 있다. 행복한 삶은 질과 양이 동반되어질 때 가능하다. 삶을 행복하게 해줄 수 있는 양에 대한 문제는 충분한 소득수준의 보장으로 가능할 것이다. 그렇지만 질에 대한 문제는 그리 간단하지 않다. 지극히 주관적인 것이기 때문이다. 그리하여 인간의 풍요로운 삶을 이야기 할 때 우리는 흔히 양적 지표인 GDP를 대표적인 거시경제변수로 취급하는 것이 오늘날의 현실이다. 그렇다고 해서 삶의 질에 대한 지표연구를 게을리 한다는 것은 아니다. 2008년 프랑스와 미국을 중심으로 삶의 질까지도 반영시킬 수 있는 새로운 연구가 또다시 시작된 것이 그 좋은 예라 할 것이다.

1.3 국민 소득

1.3.1 GDP

국내 총생산(GDP : gross domestic product)은 일정기간동안 특정 국가내에서 생산된 모든 최종 재화 및 서비스의 시장가치의 합이다.

여기서 일정기간동안이라는 기간 개념은 흔히 1년을 그 기본단위로 하고 있다.

특정국가내에서 생산된...의 의미는, 생산 활동에 참여한 사람들의 국적이 중요한 것이 아니라 생산 활동이 이루어진 것이 어느 국가의 국토인가가 중요한 것이다.

즉 베트남 인이나 우즈베키스탄 인이 한국의 국토 내에서 재화 및 서비스를 생산 했다면 생산 해낸 시장가치는 한국의 GDP에 속한다는 것이다.

생산된...의 의미는 당해 년도에 생산된 것이어야만 함을 의미한다.

즉 2009년에 생산된 자동차는 2010년의 GDP에는 들어가지 않음을 의미한다.

모든...의 의미는, 불법으로 생산되어 판매되는 마약 등의 불법 재화는 GDP 계산에 들어가지 않고 그 이외의 모든 재화 및 서비스만을 GDP 계산에 포함시킨다는 의미이다. 임대주택의 경우에 주택 서비스의 가치는 임대소득으로서 계산되어진다. 그러나 자가 주택인 경우, 자기가 자기 자신에게 임대료를 지불하지 않으므로 이경우의 주택 서비스의 가치는 정부가 그 가치를 추정하여 GDP에 집어넣는다.

최종...의 의미는, 중간재(intermediate good)는 산입시키지 않고 최종재(final good)만을 GDP에 집어넣는다는 뜻이다.

즉 어떤 회사가 생수를 구입하여 이것을 이용하여 샴푸를 만든다고 할 때 샴푸의 가격에는 생수의 가격이 포함되어 있으므로 중간재인 생수는 GDP에 넣지 않는다는 의미이다.

시장가치...의 의미는, 생산된 재화 및 서비스가 시장에서 시장가격에 의해 거래되어 질 때 GDP에 들어간다는 뜻이다.

그러므로 생산된 재화 및 서비스에 대한 시장이 성립되어 졌는가가 중요한 열쇠이다.

도우미가 어떤 사람의 집에 가서 일을 하고 돈을 받았다면 이는 성립된 노동시장에서 임금을 받은 것이므로 GDP에 들어가지만 그 집안의 식구가 자기 집에서 일을 했다면 노동시장이 성립되지 않으므로 GDP에 들어가지 않는다.

한편, GDP를 계산하는 또 하나의 방법은 각 생산과정에서 발생한 모든 부가 가치를 합하는 것이다.

어떤 기업이 일정기간동안 파종 밀 10kg(1만원)으로 농사를 지어 밀 500kg(50만원)을 생산해 냈고 이를 갖고 다시 밀가루 1,000kg(200만원)을 생산해냈고 이를 다시 빵10만개(1,000만원)를 생산해 시장에 판매했다고 하자. 그리고 이 국가는 1년간, 위의 기업이 생산해낸 빵 10만개가 생산해낸 재화 및 서비스의 전부라고 한다면, 시장에 판매한 1,000만원이 앞에서 설명했던 GDP의 첫 번째 계산방법이다.

그리고 두 번째 방법은 각 생산과정에서 발생한 모든 부가가치를 합산하는 것인데 그 계산방법은 다음과 같다.

우선 아무것도 없는 상태 하에서 파종 밀 10kg(1만원)을 가졌으니 첫 번째 과정에서의 부가가치는 1만원이다. 그다음 파종 밀 10kg(1만원)로서 밀 500kg(50만원)을 생산해 냈으니 이 과정에서의 부가가치는 49만원이다. 그리고 밀 500kg(50만원)으로써 밀가루 1,000kg(200만원)을 생산해냈으므로 이 과정의 부가가치는 200만원이고 이를 갖고 빵 10만개(1,000만원)를 생산하였으므로 이과정의 부가가치는 800만원이 된다.

그러므로 지금까지의 모든 생산과정의 부가가치를 합하면, 즉

1만원 + 49만원 + 150만원 + 800만원 = 1,000만원이다.

1.3.2 국민 소득의 순환

경제는 생산과 소비를 중심으로 지속적인 순환을 하고 있다. 그 순환과정 속에서 국민소득의 규모가 변화를 갖게 된다. 이를 이해하기위하여 국민소득의 순환과정에 대한 내용을 살펴보아야만 한다. 국민소득의 순환에 대한 그림이 그림 1.1이다.

재화를 생산하기 위해서는 생산요소가 필요하다. 생산요소는 가계가 소유하고 있다. 기업은 가계로부터 생산요소를 구입하여 재화를 생산한다.

가계로부터 구입한 생산요소는 기업입장에서는 요소구입비용 이라 할 수 있으며 이 비용이 70원이라고 하자. 기업은 이를 이용, 재화를 생산 하였고 이를 시장에 100원에 판매 하였다고 하자. 또한 이 100원이 어떤 국가가 1년 동안 생산해낸 모든 최종 재화 및 서비스의 시장가치의 합이라고 한다면 이 국가의 GDP는 100원이 된다. 이 100원은 기업이 생산하여 시장에 판매한 것이므로 수요가 아닌 공급의 의미를 갖는다. 기업이 시장에 판매한 100원 속에는 요소 구입비용이 70원이므로 나머지 30원은 기업의 이윤이다.

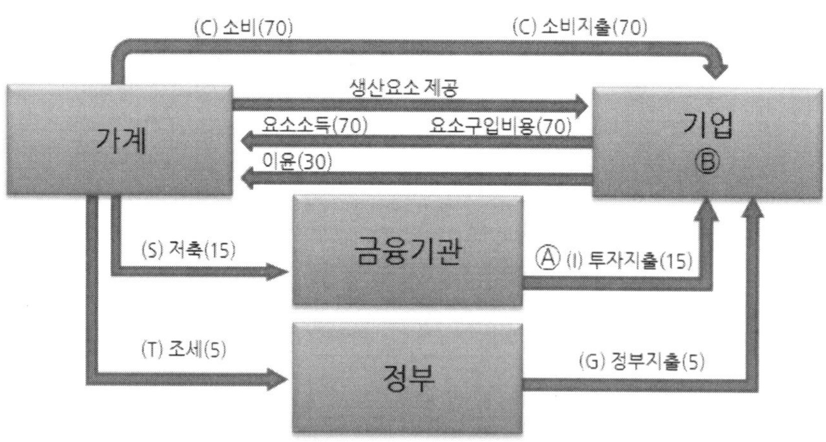

[그림 1.1] 국민소득의 순환

기업에게 돌아간 이윤 30원은, 결국 기업을 경영하는 것도 사람이므로 그리고 기업을 경영하는 사람도 가계의 구성원이므로 이윤 30원은 가계의 소득으로 귀속 된다. 따라서 가계의 소득은 100원이 된다.

가계로 귀속된 가계소득 100원은 먼저 정부에게 조세를 납부하여야 한다. 조세액을 5원이라고 하면, 나머지 95원은 가계가 자유로이 처분 할 수 있는 소득이 된다. 이를 가처분 소득이라고 한다.

가계는 가처분 소득 중 생활을 위해 기업으로부터 구입해야할 재화 및 서비스 구입을 위해 일정액을 분배시켜야 한다. 만약 이 액수를 80원이라 하면 나머지 15원은 금융기관에 저축할 수 있게 된다. 그러므로 가계로 귀속된 가계소득 100원은 조세 5원, 소비 80원, 그리고 저축 15원의 몫으로 분배되어졌다.

지금까지의 내용을 정리해보면, 기업이 생산하여 시장에 판매한 100원은 이 국가의 국민 소득으로서 공급의 의미를 가지며 기업이 재화를 생산한 것이므로 생산 국민소득이라고 한다.

생산국민 소득은 가계의 소득이 되며 가계는 이를 소비, 저축, 그리고 조세로 분배하게 되고 소비80원, 저축15원, 그리고 조세 5원을 합하면 100원이 된다.

생산 국민소득 100원은 가계소득으로 귀속되고, 이는 가계가 소비, 저축, 조세로 분배한 몫을 합한 것과 항상 동일 할 수밖에 없다.

생산 국민 소득을 Y 라 하고, 소비를 C, 그리고 저축을 S 그리고 조세를 T 라고 표현 한다면 다음의 등식이 성립할 것이다.

$$Y \equiv C + S + T \quad \cdots\cdots (1.1)$$

이 경우 조세 5원을 바탕으로 조세액과 동일하게 정부가 정부지출을 한다면 이는 적자 재정도 흑자 재정도 아닌 균형 재정이 될 것이다. 또한 기업이 생산해낸 재화 및 서비스에 대한 수요자는 가계, 기업, 그리고 정부가 되며 수요를 충족시키기 위한 지출 행위를, 소비지출, 투자지출 및 정부지출이라 한다.

소비지출을 C, 투자지출을 I, 정부지출을 G라 한다면 수요는 C+I

+G로 구성되며, C+I+G를 지출국민소득이라 한다.

그림 1.1을 요약해보면 다음과 같다.

공 급		
생산국민소득 Y100	≡	분배국민소득 C(70)+S(15)+T(5)

수 요
지출국민소득 C(70)+I(15)+G(5)

[그림 1.2]

그리고 식 1.1의 C+S+T를 분배 국민소득이라 하는데, 생산 국민소득 Y는, 가계로 귀속된 소득 중 C와 S 및 T로 분배된 분배국민 소득인 C+S+T와 항상 그 총량이 동일 한 것 이므로, 생산 국민소득 Y가 공급의 의미를 갖는다면 C+S+T도 공급의 의미를 갖게 된다.

이번에는 수요의 의미로서 살펴보자.

기업이 생산해낸 재화를 누가 수요하고자 하는가? 먼저 가계는 가계로 귀속된 소득중 소비로 분배된 70원을 기업이 생산해낸 재화 및 서비스를 구입 하고자 하는 데에 사용하고자 한다면, 70원은 가계의 소비 수요가 되며 이 소비 수요를 충족시키기 위해서는 지출행위가 이루어지게 되는데 이를 소비지출이라 한다.

이번에는 투자지출에 대하여 살펴보자. 휴대폰을 생산해내는 A라는 기업이 휴대폰을 생산하여 판매 한다고 하자. 그런데 A라는 기업은 휴대폰 완제품을 전부 생산해 내는 것이 아니라 일부부품을 타 업체인 B로부터 15원 어치를 구입하여 조립 생산한다고 가정하자. 이때 기업 A는 다른 기업 B가 생산해내는 부품을 구입하여야 하므로 기업 B가 생산해낸 재화에 대한 수요자가 되며 기업 A가 이 부품을 구입하기 위하여 금융기관으로부터 자금을 차입하여 부품을 구입한다면 그 목적은 소비를 위한 지출이라고 할 수 없다. 즉 최종 소비재 구입이 아닌 부가가치의 증대를 위한 자본재의 구입 행위이므로 이는 소비지출이 아닌 투자지출이 된다.

그리고 어떤 기업 A가 다른 기업 B가 생산해낸 재화를, 자본재로 구입하기 위한 수요자가 되어 재화구입을 위한 지출 행위가 이루어 질 때 이를 투자 지출이라 한다.

정부도 정부 활동을 하기 위해 기업이 생산해낸 재화 및 서비스를 구입해야만 한다. 이를 위해 정부는 조세라는 재원을 바탕으로 기업이 생산해낸 재화 및 서비스에 대한 수요자의 역할을 하며 되며 이를 위해 지출 행위를 하게 되는데 이를 정부 지출이라 한다.

1929년부터 시작된 세계 대공황은 생산 국민소득보다 지출국민소득이 적은 경우이다. 즉 기업이 100원어치 생산해 냈는데 이를 구입 하고자 하는 수요가 80원 밖에 되지 않는다면 20원은 판매되지 않고 재고로 남게 될 것이다. 즉 $C + S + T \equiv Y > C + I + G$이다.

그러면 기업은 다음 생산에서 재고가 20원이 발생하므로 예전의 생산액 100원 보다는 적게 생산하게 될 것이다.

예전 보다 적은 생산은 그만큼 생산요소를 전보다 적게 사용하게 되므로 가계로 귀속되는 소득은 감소하게 된다. 감소된 가계의 소득은 재화를 구입 하려는 소비수요를 줄이게 되고 이는 다시 재고를 발생시키게 되고, 기업은 더 적게 생산하게 되고 이리하여 빈곤의 악순환이 발생하게 되는 것이다.

고전학파는 이 같은 국민경제의 순환 과정을 섬세하게 분석하지 못했으나 케인즈(Keynes)는 이를 정확히 이해하여 1936년 그의 「일반 이론」에서 세계대공황을 타파할 수 있는 대책을 제시하였다.

케인즈(Keynes)는 이 같은 수요를 특히 유효수요라 했고 세계 대공황의 원인을 유효수요 부족에서 찾아 정부가 조세수입 보다 더 많은 정부 지출 확대정책을 제시하였다.

1.4 명목 GDP와 실질 GDP 그리고 소비자 물가지수

1.4.1 명목 GDP와 실질 GDP 그리고 GDP 디플레이터

앞에서 언급했듯이 GDP는 국민들의 양적 삶의 수준을 나타내 주는 주요한 경제지표이다. GDP는 명목 GDP 와 실질 GDP로 구분된다. 명목 GDP는 시장가치를 산정할 때 당해 연도의 물가수준으로 GDP를 계산하고, 실질 GDP는 기준 연도의 물가수준으로서 당해 연도의 모든 재화 및 서비스의 생산량을 곱하여 얻어진다.

표 1.1에 명목 GDP 와 실질 GDP 그리고 GDP 디플레이터에 대한 예가 나타나있다. 표 1.1의 비빔밥과 피자에 대한 자료가 이 국가가 1년간 생산해낸 모든 재화 및 서비스의 시장가치라고 가정하자. 당해 연도의 명목 GDP는 당해 연도에 생산된 각 재화의 가격에 생산량을 곱하여 모두 합하여 얻게 된다. 즉 2009년의 명목 GDP는 2009년의 비빔밥 1그릇이 6,000원이고 생산량은 150그릇 이므로 2009년의 비빔밥 생산액은 150 × 6,000 = 90만원이다. 또한 2009년에는 피자도 생산되었는데 피자 1판의 가격은 12,000원이고 생산량은 100판이므로 12,000 × 100 = 120만원이다.

따라서 비빔밥 생산액 90만원 + 피자 생산액 120만원은 = 210만원이 된다.

한편 실질 GDP는 기준 연도의 물가수준으로서 해당연도의 모든 재화 및 서비스의 생산량을 곱하여 얻는다. 그러므로 실질 GDP는 각 년도의 생산액을 비교 한 다기 보다는 생산량의 증감을 비교할 수 있는 지표라 할 수 있다.

2009년의 실질 GDP는, 기준 연도인 2008년 비빔밥 가격 5000원 × 당해 연도인 2009년 비빔밥 생산량 150 그릇 = 75만원이 된다. 그리고 피자도 생산했으므로 기준연도인 2008년의 피자가격 10,000원

× 당해 연도인 2009년 피자생산량 100판 = 100만원이 되므로, 기준 연도인 2008년의 비빔밥과 피자의 가격 수준으로 2009년의 각각의 생산량을 곱하여 모두 더하면 75만원 + 100만원 = 175만원이 된다.

〈표 1.1〉 명목 GDP와 실질 GDP 그리고 GDP 디플레이터

(기준년도 2008년)

년도	비빔밥 가격 (원)	비빔밥 생산량 (그릇)	피자 가격 (원)	피자 생산량 (판)	명목(GDP)	실질(GDP)
2008	5,000	100	10,000	50	(5,000원×100그릇) + (10,000원×50판) = 1,000,000원	(5,000원×100그릇) + (10,000원×50판) = 1,000,000원
2009	6,000	150	12,000	100	(6,000원×150그릇) + (12,000원×100판) = 2,1000,000원	(5,000원×150그릇) + (10,000원×100판) = 1,750,000원
2010	8,000	200	15,000	150	(8,000원×200그릇) + (15,000원×150판) = 3,850,000원	(5,000원×200그릇) + (10,000원×150판) =2,500,000원
2008년 GDP 디플레이터(당해년도 명목 GDP÷당해년도 실질 GDP×100)						(100만원÷100만원)×100=100
2009년 GDP 디플레이터						(210만원÷175만원)×100=120
2010년 GDP 디플레이터						(385만원÷250만원)×100=154

한편 GDP 디플레이터는 다음과 같이 계산 된다.

GDP 디플레이터 = (명목 GDP/실질 GDP) × 100

따라서 기준 연도인 2008년의 GDP는 (100만원/100만원) × 100 = 100이 되고,

2009년은(210만원/175만원) ×100 = 120이며, 2010년은 (385만원/250만원) × 100 = 154란 결과를 얻게 된다.

〈시사경제〉

미국 발 금융위기와 GDP

컬럼비아 대학 교수인 조지프 스티글리츠는 미국 발 금융위기의 위험성을 수년전부터 경고해 왔으며 오바마 행정부의 금융위기 수습방안을 줄곧 비평해왔다. 심지어 1997년 아시아 금융 위기 시에 미국 재무부와 IMF 가 한국 등 아시아 국가들에게 적극적 긴축 정책의 시행을 제시해 놓고 이번 미국 발 금융위기 시에는 그때 당시와는 정 반대의 행동을 한다고 꼬집은 바 있다.

프랑스 니콜라 사르코지 대통령의 요청으로 2008년에 구성된 스티글리치 위원회에서는 GDP를 대신 할 수 있는 새로운 경제지표를 개발 중이다. 위원회는 현재의 인간의 삶을 수준을 측정하는 지표로서 GDP를 사용하고 있으나 이는 인간의 건강이나 복지 수준 등에 대한 아주 중요한 부분을 측정하지 못하고 있다.

이번 세계 금융 위기는 아주 좋은 예이다. 이번 금융위기 이전 미국의 GDP는 상당히 좋은 수준을 유지하고 있었다. 하지만 이 같은 수치는 "버블"에 기인된 것이다. 부동산도 버블가격으로 부풀려졌고 미국 기업이익의 40%이상이 금융부분에서 발생했는데 그 실상은 전혀 다른 것이었다. 이 같은 성장은 결코 지속가능하지 못한 것이며 이것이 금융위기로 나타나게 된 것이다. 더 나은 해결책을 찾기 위해 더 나은 측정방법을 개발할 필요가 있다.

그는 또한 1999년 글레스-스티걸법(투자은행과 상업은행의 겸업을 금지하는 법)을 폐지하고 부시 행정부에 이어 오바마 행정부까지 대마불사(too big to fail)라는, 경제학적으로 의미가 없는 개념을 용인한 미국정부의 정책이 금융위기를 초래했다고 보고 있다.

지난 수십 년간 미국 그리고 세계를 지배한 신 자유주위 사고는, 시장에 자기 조절 기능이 있고 자원을 효율적으로 배분하며 공익에 이바지 한다는 믿음을 갖고 있었다. 이번 금융위기로 그런 믿음에 치명적 균형이 생기기 전부터 스티글리치 교수는 이를 시장 근본주의(market fundamentalism)라고 비판해 왔다. 그는 간섭 받지 않는 시장은 재앙이라며 적절한 정부 규제의 필요성을 줄기차게 주장해 왔다.

1.4.2 소비자 물가와 인플레이션율

소비자 물가지수(CPI : consumer price index)는 일상적으로 소비자 들이 구입하는 재화 및 서비스에 대한 전반적인 비용을 측정하는 지표이다.

표 1.2를 이용하여 살펴보기로 하자. 표 1.2는 표 1.1의 자료를 기초로 하여 만들어진 것이다.

즉 어떤 국가에서 생산해낸 재화 및 서비스 중에 일반적인 소비자가 생활을 위해 가장 많이 필요로 하고 선호하는 재화들의 묶음을 선정하고, 그 묶음 내 에서 각 재화 및 서비스들에 대해 소비자가 어떤 중요성을 부여하고 있는가에 따라 재화 묶음과 그 양을 정하여 CPI를 계산하게 된다.

만약 표 1.1에서, 이 같은 과정을 거친 재화 및 서비스의 묶음이 비빔밥 5그릇과 피자 3판이라고 가정할 때 각 연도의 재화묶음의 비용이 어떻게 되는지를 살펴보자.

기준 연도인 2008년도는 비빔밥 1그릇 5,000원, 피자 1판 10,000원이다. 그리고 재화묶음은 비빔밥 5그릇 및 피자 3판이므로 $(5,000\times 5)+(10,000\times 3)=55,000$이다.

2009년도는 비빔밥 6,000원, 피자 12,000원 그리고 소비 묶음은 모든 연도에 동일한 비빔밥 5그릇, 피자 3판이므로 $(6,000\times 5)+(12,000\times 3)=66,000$원이 되고,

2010년도는 $(8,000\times 5)+(15,000\times 3)=85,000$이 된다.

이상의 과정에서 살펴본 내용을 간추리면 다음과 같다.

소비자들이 일반적으로 가장 많이 구입하고 있는 것은 비빔밥과 피자로서 그 구입량은 비빔밥 5그릇과 피자 3판 이었다.

그러므로 기준 연도인 2008년의 비빔밥 5그릇과 피자 3판이라는 재화 묶음의 소비에 소요되는 비용은 55,000원이고 2009년은 66,000원 그리고 2010년은 85,000원이다.

소비자 물가 지수는 다음과 같이 계산된다.

$$\text{해당 년도의 소비자 물가지수} = \frac{\text{당해년도 재화묶음의 내용}}{\text{기준년도 재화묶음의 내용}} \times 100$$

따라서 2008년은 $\frac{5500}{5500} \times 100 = 100$, 2009년은 $\frac{6600}{5500} \times 100 = 120$

2010년은 $\frac{8500}{5500} \times 100 = 155$가 된다.

한편, 인플레이션율의 계산은

$$\frac{\text{당해년도소비자물가지수} - \text{전년도소비자물가지수}}{\text{기준년도물가지수}} \times 100(\%)$$

이다.

따라서 2009년 인플레이션율은 $\frac{120 - 100}{100} \times 100 = 20\%$ 이고

2010년 인플레이션율은 $\frac{155 - 120}{100} \times 100 = 35\%$ 이다.

[표 1.2] 소비자 물가지수와 인플레이션율

(기준년도 2008년도)

<table>
<tr><th>년도</th><th>비빔밥 가격 (원)</th><th>소비량 (그릇)</th><th>피자 가격 (원)</th><th>소비량 (판)</th><th>재화밖의 비용</th></tr>
<tr><td>2008</td><td>5,000</td><td>5</td><td>10,000</td><td>3</td><td>(5,000×5)+(10,000×3)=55,000원</td></tr>
<tr><td>2009</td><td>6,000</td><td>5</td><td>12,000</td><td>3</td><td>(6,000×5)+(12,000×3)=66,000원</td></tr>
<tr><td>2010</td><td>8,000</td><td>5</td><td>15,000</td><td>3</td><td>(8,000×5)+(15,000×3)=85,000원</td></tr>
<tr><td>2008년도 소비자 물가지수</td><td colspan="5">$\frac{\text{2008년 재화묶음의 내용 55,000원}}{\text{기준년도(2008년)재화묶음비용 55,000원}} \times 100 = 100$</td></tr>
<tr><td>2009년도 소비자 물가지수</td><td colspan="5">$\frac{\text{당해년도 재화묶음의 내용}}{\text{기준년도재화묶음비용}} \times 100 = \frac{\text{66,000원}}{\text{55,000원}} \times 100 = 120$</td></tr>
<tr><td>2010년도 소비자 물가지수</td><td colspan="5">$\frac{\text{당해년도 재화묶음의 내용}}{\text{기준년도재화묶음비용}} \times 100 = \frac{\text{85,000원}}{\text{55,000원}} \times 100 = 155$</td></tr>
<tr><td>2009년 인플레이션율</td><td colspan="5">$\frac{\text{당해년도소비자물가지수} - \text{전년도소비자물가지수}}{\text{기준년도소비자물가지수}} \times 100 = 20\%$
$\frac{120 - 100}{100} \times 20\%$</td></tr>
<tr><td>2010년 인플레이션율</td><td colspan="5">$\frac{155 - 120}{100} \times 100 = 35\%$</td></tr>
</table>

제2장

수 요 측 면

제2장 수요측면

인간은 보다 나은 삶의 수준을 원한다.

삶의 수준을 나타낼 수 있는 경제 지표로서, 완벽하지는 않지만 GDP라는 경제지표를 사용하고 있다.

보다 나은 삶의 수준을 영위하기 위해서는 보다 큰 GDP가 요구되는데 이를 위해서는 먼저 국민 소득이 어떻게 결정되는지를 알아야 한다.

여기서는 정태분석에 의한 국민소득 결정 원리 중 수요측면의 균형에 대하여 살펴볼 것이다.

2.1 국민경제의 균형

일반적으로 국민소득 혹은 GDP는 그 값이 클수록 보다 높은 삶을 보장해준다. 국민소득은 마치 잘 구워진 맛있는 빵과도 같다.

모든 국가들은 보다 크고 보다 맛있는 빵을 생산하기를 원한다. 빵을 생산하기위해서는 밀가루, 계란, 버터, 설탕, 베이킹파우더, 우유 등 다양한 재료가 들어가야 한다. 그리고 이 모든 재료들은 각각의 특성을 갖고 있고 다른 재료들과 혼합되면 화학반응을 일으킨다. 그러므로 맛있고 큰 빵을 만들기 위해서는 먼저 모든 재료들의 특성을 알아야하고 그다음은 각종 재료들이 혼합되어질 때 어떤 화학반응을 일으키는지를 알아야 할 것이다.

보다 큰 국민소득을 얻기 위해서는 국민소득을 만드는 재료인 고용, 이자율, 임금, 물가수준, 투자, 소비, 저축등과 같은 경제변수의 특성을 이해하고 각 경제 변수들 간의 함수관계를 분석해야 할 것이다.

만약 어떤 국가의 과거로부터 현재까지의 국민소득에 관한 자료가 있을 경우, 국민소득 결정원리는 3가지로 분석할 수 있다.

첫째는 어떤 특정 연도의 균형 국민소득을 분석하는 정태분석, 둘째는 어떤 특정 연도와 다른 특정 연도간의 균형 국민소득간의 비교를 할 수 있는 비교정태분석 그리고 과거로부터 현재까지의 국민소득의 추세를 이용하여 미래의 국민소득을 예측하는 동태분석이 그것이다.

정태분석은 균형상태 하에서의 국민소득의 결정 원리를 다루는 것이다.

빵을 만들 때 각종재료가 혼합되어 화학작용을 일으키는 동안 그 무게가 변한다고 가정한다면 빵 제조의 결과는 화학반응이 다 끝난 후에야 알 수 있게 된다. 아무런 화학반응이 없는 상태 즉 재료들이 서로 섞인 후 화학반응을 일으키고 이 과정이 다 끝난 후의 상태 하에서 빵을 갈라 그 동안의 과정을 분석해야 하는 것이다.

한편 어린 아기에게 선물 하는 모빌은 그 모든 갈래의 무게가 동일하여 각 갈래들이 균형을 이루고 있다. 균형이란 이같이 모빌의 양쪽이 무게가 동일하여 어느 한쪽으로도 치우치지 않는 상태가 된다.

그러므로 국민경제의 균형을 정태분석에 의해 분석하기 위해서는 모든 재료들의 화학반응이 끝난 상태 하에서 모빌의 모든 갈래가 균형 상태를 어떻게 유지하는가를 살펴보는 것이 된다.

이 같은 원리를 그림으로 설명하면 그림 2.1과 같다.

국민경제는 크게 수요측면과 공급측면으로 나눌 수 있다.

여기에서 수요측면이라는 의미는 수요 그 자체를 의미하는 것은 아니다. 물론 공급측면도 공급 그 자체를 의미하는 것이 아니다.

어떤 경제 변수는 수요측면에서만 작용하고, 어떤 경제 변수는 공급측면에서만 작용하며 또 어떤 경제변수는 수요측면과 공급측면 모두에서 작용을 하고 있다.

이때 수요측면과 공급측면 모두에서 작용하고 있는 경제 변수들은 수요측면에서 작용 할 때는 수요의 원리를 반영하여 작용을 하고 공급측면에서 작용할 때는 공급의 원리를 반영하는 특성을 갖는다.

따라서 수요측면과 공급측면을 수요와 공급 그 자체의 의미로 해석하기 보다는 놀이마당 혹은 시장의 개념으로 보면 이해에 도움이 될 것이다.

먼저 실물(재화 혹은 상품) 시장의 균형은 재화의 수요가 재화의 공급과 같을 때 실물시장이 균형 상태에 있을 수 있다 또한 화폐시장은 화폐수요가 화폐공급과 같을 때 균형에 있을 수 있다.

그러나 수요측면이 균형을 갖기 위해서는, 실물시장이나 화폐시장 어느 한쪽만 균형 상태에 있다면 수요측면의 균형을 가져올 수 없다. 왜냐하면 균형이 아닌 다른 시장은 화학 반응을 계속하고 있으므로 그 무게가 계속 변화하고 있기 때문이다. 따라서 실물시장과 화폐시장이 동시에 균형 상태에 있을 때 수요측면은 하나의 균형을 가질 수 있는 것이다.

수요측면이 실물시장과 화폐시장으로 나뉘는 반면 공급측면은 노동시장 하나로 구성되어 있다. 따라서 노동의 수요와 노동의 공급이 균형이 되면 노동시장 즉 공급측면은 균형에 도달 할 수 있게 된다.

결국 국민경제가 균형이 되기 위해서는, 실물시장도 균형을 이루고 화폐시장도 균형을 이루어야한다. 그래서 두시장이 동시적 균형 상태를 이루어 수요측면에 하나의 균형을 낳게 하여야 한다. 그리고 노동의 수요와 노동의 공급이 균형을 이루어 공급측면도 균형을 이룸과 동시에 수요측면과 공급측면이 함께 하나의 균형을 이룰 때 국민경제는 균형에 도달하게 된다.

이제 이 장에서는 정태분석에 의한 수요측면의 균형을 살펴볼 것이다.

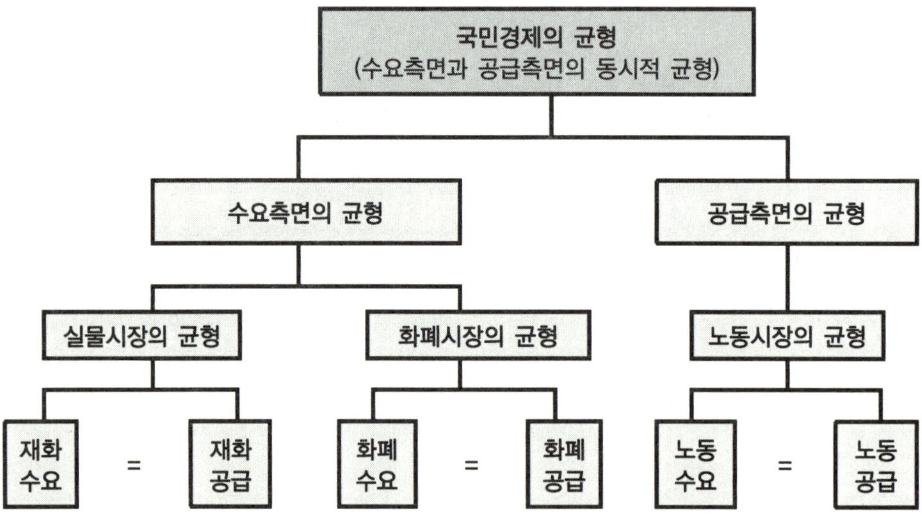

[그림 2.1] 정태분석에 의한 국민경제의 균형

2.2 재화시장의 균형

실물시장은 상품시장 혹은 재화시장이라고 부르기도 한다.

실물시장(재화시장)은 재화의 수요가 재화의 공급과 같을 때 균형 상태에 도달하게 된다.

그런데 재화시장은 이미 우리가 1장에서 살펴본 국민소득의 순환모형에 나타나 있다.

즉 기업이 생산해낸 국민소득 100원은 생산 국민소득이라 했다.

이를 Y로 표시하면, 생산 국민소득 Y는 기업이 재화 및 서비스를 생산하여 시장에 공급한 것이므로 공급의 의미를 갖는다.

또한 생산 국민소득 100원은 결국 가계로 귀속되어 소비 C와 저축 S 그리고 조세 T로 분배되어 지므로 분배국민소득 C + S + T는 항시 생산 국민 소득과 동일하므로

Y ≡ C + S + T로 표현되어진다. 또한 생산국민소득 Y가 공급의 의미이므로 C + S + T도 공급의 의미를 갖는다.

만약 기업이 생산한 생산국민소득 100원이 지출국민소득인 유효수요와 동일하다면, 기업이 생산한 재화는 가계의 소비지출 C, 투자를 I 그리고 정부지출에 의해 수요 되어 지므로 다음과 같은 등식이 성립한다.

$$공급(Y \equiv C + S + T) = 수요(C + I + G) \quad \cdots\cdots (2.1)$$

식 2.1은 공급 Y ≡ C + S + T와 수요 C + I + G.로 이루어지고, 공급과 수요가 균형을 갖는 상태 하에서 위의 식을 요약하면 다음과 같다.

$$S + T = I + G \quad \cdots\cdots (2.2)$$

2.2.1 소비, 저축 및 조세함수

이제는 위에서 언급했듯이 빵의 재료특성을 하나하나 살펴볼 차례이다. 빵을 만들 때 재료 혹은 원료들은 GDP를 형성하는 중요거시경제변수들과 같은 맥락이다. 수요 측면에서 작용하는 변수들 중 가장 중요한 소비 C, 저축 S 및 조세 T의 특성을 케인즈의 이론을 통해 살펴보기로 한다.

소득 Y에서 조세 T를 뺀 나머지 C + S를 가처분 소득 YD라 할 때, 케인즈는 소비 C에 가장 큰 영향을 미치는 변수는 그 사람의 소득이라 했다. 그리고 케인즈는 다음과 같은 구체적 소비 함수를 제시했다.

$$C = a + b\ Y_D(a > 0,\ 0 < b < 1.) \quad \cdots\cdots (2.3)$$

그림 2.2의 (a)를 살펴보면 소득이 전혀 없을 때 소비량은 a이다.

그리고 $\Delta C/\Delta Y_D = b$이다.

소득이 증가해 갈수록 소비의 양도 증가해 가지만 소득증가에 따른 소비 증가율을 나타내는 한계소비성향 b 혹은 $\Delta C/\Delta Y_D$는 점점 작아진다. 또한 식 2.3으로부터, $Y - T = YD = C + S$이므로 $S = Y_D - C$가 된다. 따라서 $S = YD - (a - b\ Y_D)$이므로 이를 정리하면 $S = -a + (1 - b)$ Y_D가 된다.

그러므로 그림 2.2의 (a)에서 $\Delta S/\Delta Y_D$ 즉 한계저축성향인 $1 - b$의 값은 소득이 증가 할수록 점점 증가한다. 또한 소득이 전혀 없을 때의 저축은 $-a$로서, 소득이 전혀 없을 때의 소비량과 그 절대 값은 같다.

이상으로 케인즈의 소비 및 저축함수를 간단히 살펴보았다. 이 같은 케인즈의 소비, 저축함수는 일반적으로 소득 Y의 증가에 따라 소비 혹은 저축의 양도 증가하므로 그림 2.2의 (b)에서는 개괄적인 소비 및 저축함수를 표현하였다.

또한 조세 량에 가장 큰 영향을 미치는 변수로서는 역시 그 사람의 소득 수준을 들 수 있고 일반적으로 소득이 증가 할수록 조세의 양도 증가하므로 그림 2.2의 (c)에는 이와 같은 조세함수를 표현하였다.

2.2.2 투자, 정부지출, 저축 및 조세

1) 투자의 개념

투자란 자본재의 증가 또는 대체를 위하여 여러 가지 자원을 사용하는 활동을 말한다. 투자의 주체는 기업이며, 투자를 하는 주된 동기는 이윤획득에 있다. 투자는 의도된 투자(planned investment)와 실현된 투자(realized investment)로 구분 하는데 의도된 투자는 사전적 개념이고 실현된 투자는 사후적 개념을 나타낸다. 또한 투자수요는 사전적 개념을 말하고 투자지출은 사후적 개념을 나타내는데 투자수요는 호경기에는 증가하고 불경기에는 감소하는 경향을 갖고 있어 소비함수 보

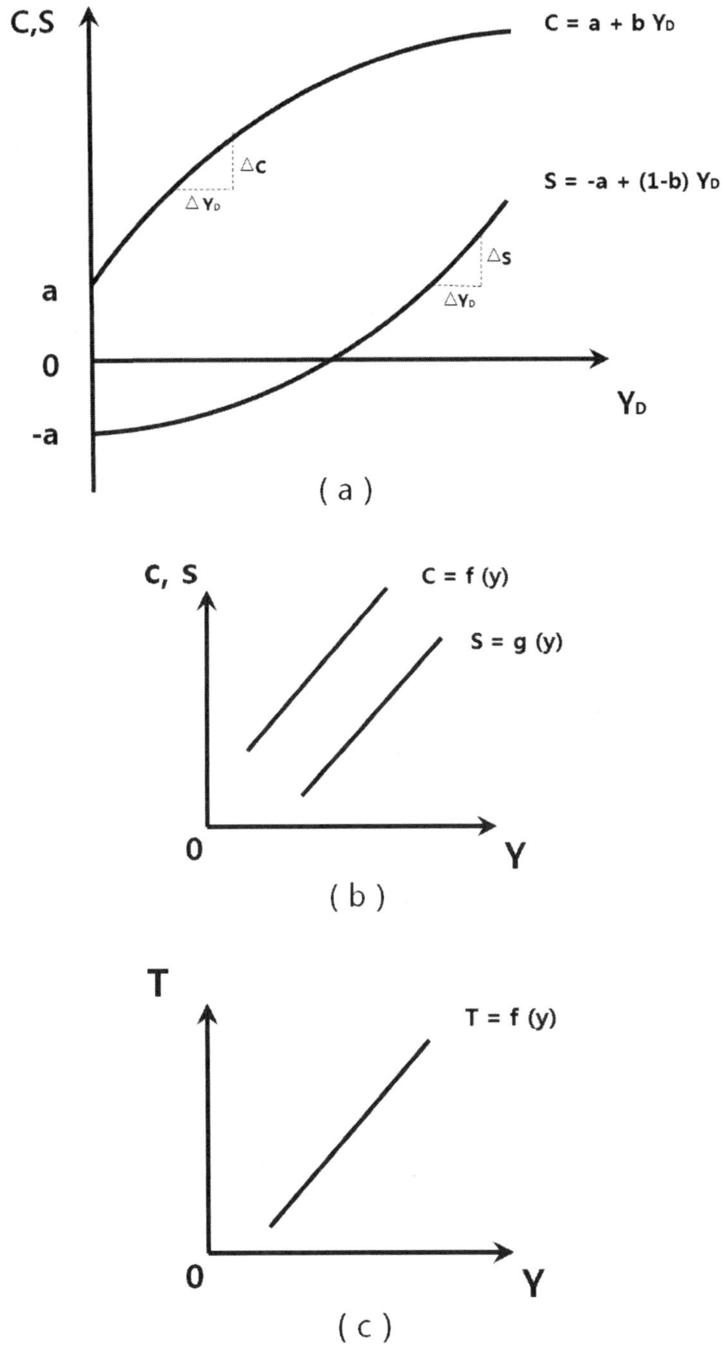

[그림 2.2] 케인지안의 소비, 저축함수 및 조세함수

다는 훨씬 불안정 적이라 할 수 있다. 투자는 독립투자(autonomous investment)와 유발투자(induced investment)로 구분하기도 하는데, 독립투자는 소득수준이나 이자율에 관계없이 이루어지는 투자를 말한다. 장기발전계획에 의한 투자, 사회간접자본을 위한 투자 그리고 신기술 도입을 위한 투자 등이 이에 속한다. 이에 비해 유발투자는 국민소득 증대에 따라 발생하는 투자를 의미한다.

2) 고전학파의 현재가치 접근법

현재가치법(present value method)은 미국의 경제학자 피셔(I. Fisher)가 정립한 고전학파의 투자결정이론이다. 어떤 사람이 100만원을 은행에 예금한다고 하자. 이자율이 연 10%라면 1년 후에 원금과 이자를 합한 기대수익 R_1은 100만원의 현재가치인 PV_0에 1+ 이자율 r을 곱해 주어서 얻을 수 있다. 이를 식으로 표현하면 다음과 같다.

$$R_1 = PV_0(1 + r) \quad \cdots\cdots (2.4)$$

즉, 1년 후의 미래가치 혹은 1년 후의 기대수입 $R_1 = 100(1 + 0.1)$이므로 110만원이라는 결과를 얻을 수 있다. 2년 후의 미래가치 혹은 기대수익 R_2는 다음과 같이 계산된다.

$$R_2 = PV_0(1 + r)^2$$

또한 3년 후는, ... 그리고 n년 후의 가치는 아래와 같다.

$$R_3 = PV_0(1 + r)^3 \;\ldots\; Rn = PV_0(1 + r)^n$$

한편, 1년 후의 기대수익 R_1이 시장이자율 r 수준 하에서 얼마만큼의 현재가치가 있는가를 계산하는 방법은 식 2.4로부터 유도된다. 식 2.4를 PV_0로 정리하면 다음과 같다.

$$PV_0 = R_1 / (1 + r),\ \ PV_0 = R_2 / (1 + r)^2,\ \ PV_0 = R_3 / (1 + r)^3$$
$$PV_0 = R_n / (1 + r)^n$$

이와 같이 미래의 가치를 현재의 가치로 전환시키는 것을 할인(discount)이라 하고 그전환율을 할인율(discount rate)이라 한다.

기업이 투자 사업을 실시하는 경우 투자에 따르는 비용도 수반되지만 투자에 의한 기대수익도 발생하게 된다. 또한 투자에 의한 기대수익은 1년 후에만 발생하는 것이 아니라 여러 해를 두고 얻어낼 수가 있다. 기업이 어떤 특정 사업에 투자를 해야 할 것인지의 여부를 결정하기 위해서는 투자에 수반되는 비용과 기대수익을 비교하여야만 한다. 그런데 비용은 현시점에서 투입되는 것이고, 기대 수익은 여러 해를 두고 발생하는 것이므로 이를 비교하기 위해서는 미래에 예상되는 기대수익을 현재가치로 할인하여야만 할 것이다.

이제 어떤 기업이 특정의 사업을 실시하는 경우 이에 따른 1년 후의 기대수익을 R_1, 2년 후를 R_2, …그리고 n년 후의 기대수익을 Rn이라 하고 시장이자율을 r, 그리고 투자 사업에 수반되는 비용을 C라 하자. 그러면 n년에 걸쳐 발생하는 기대수익을 모두 현재가치로 전환하여 합계한 투자사업의 현재가치는 PV_0는 다음과 같이 계산된다.

$$PV_0 = R_1 / (1 + r) + R_2 / (1 + r)^2 + R_3 / (1 + r)^3 + \ldots . \quad Rn / (1 + r)^n \qquad (2.5)$$

투자자는 비용 C와 미래수익의 현재가치인 PV_0를 비교하여 적어도 PV_0가 C보다 같거나 커야지만 투자를 하게 될 것이다. 이같이 투자에 수반되는 비용과 기대수익의 현재가치를 비교하여 투자 여부를 결정하는 것이 투자의 현재가치법이다. 이때 다른 모든 것이 일정하다고 가정하자. 즉, 비용 C도 변함이 없고 미래의 기대수익의 흐름인 R_1, R_2 ,.. R_n 등도 변함이 없다고 하자.

그런데 시장이자율 r이 변화하면 어떤 결과가 생기게 되는가?

분석의 편의를 위해서 n년에 걸쳐 발생하는 기대수익이 크기가 매년 R원으로 동일하다면, 즉 $R_1 = R_2 = R_3 = \ldots. R_n = \bar{R}$라고 가정하면 식 2.5는 다음과 같이 정리 된다.

$$PV_0 = \bar{R}/(1+r) + \bar{R}/(1+r)^2 + \bar{R}/(1+r)^3 + R/(1+r)^n \quad \cdots\cdots (2.6)$$

식 2.6은 아래와 같이 요약된다.

$$PV_0 = \bar{R}/r \quad \cdots\cdots (2.7)$$

식 2.7에서 $\bar{R}$가 불변일 때 r이 상승하면 PV_0는 작아지고 r이 하락하면 PV_0는 커진다. 만약 PV_0와 C가 동일한 상태였다고 하면 이자율 r의 변화에 따라 PV_0와 C간의 크기가 변화하게 된다.

$PV_0 = \bar{R}/r = C$의 상태에서 출발해 보자. r이 상승하면 PV_0가 작아지므로 $PV_0 < C$가 되고, r이 하락하면 PV_0가 커지므로 $PV_0 > C$가 된다. PV_0가 C보다 크다는 것은 투자 사업에 소요되는 비용보다 미래수익의 현재가치가 더 크다는 것을 나타내며, 그 차이가 클수록 투자는 왕성하게 이루어지게 된다. PV_0가 C보다 더욱더 커지기 위해서는 시장이자율 r이 점점 더 하락할수록 이 같은 결과를 가져오게 된다.

이상의 내용에서 투자량 I는 이자율 r과 역관계에 있다는 것을 알 수 있으며, 투자량 I와 이자율 r과의 관계를 함수식과 그림으로 표현하면 식 2.8과 그림 2.3과 같다.

$$I = i(r), \quad \Delta I/\Delta r < 0 \quad \cdots\cdots (2.8)$$

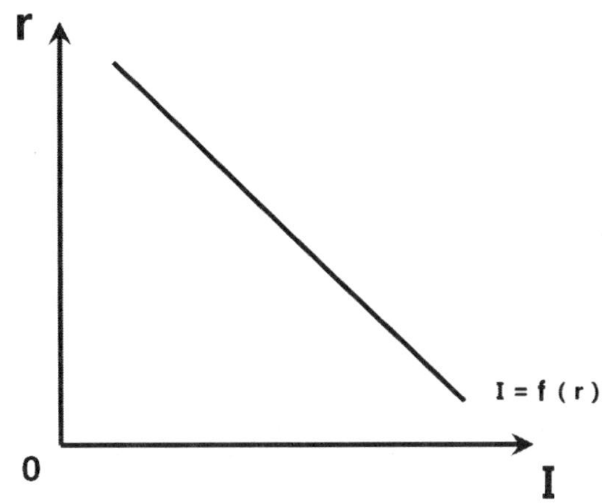

[그림 2.3] 고전학파의 투자함수

3) 케인즈의 내부 수익률 접근법

투자는 이자율과 투자의 한계효율에 의해 결정된다고 주장한 사람은 케인즈이다. 이 같은 케인즈의 투자결정방법을 투자의 한계효율접근방법 혹은 내부 수익률 접근법이라고 한다.

투자의 한계효율(marginal efficiency of investment)이란, 투자로 인하여 발생할 것으로 예상되는 미래의 총 기대수익의 현재가치와 투자에 수반되는 비용 혹은 투자액을 일치시키는 할인율을 말한다.

식 2.5를 이용하여 투자의 한계효율 m을 수식으로 표현하면 다음과 같다.

$$C = R_1/(1+m) + R_2/(1+m)^2 + R_3/(1+m)^3 + Rn/(1+m)^n \quad \cdots (2.9)$$

식 2.9에서 $R_1 = R_2 = R_3 = \ldots\ldots = \overline{R}$ 라고 가정하자. 그러면 식 2.9는 다음과 같이 쓸 수 있다.

$$C = \overline{R}/m \quad \cdots\cdots (2.10)$$

그리고 미래수익 흐름 R에 대한 현재가치는 위에서 살펴본 바와 같다. 즉, $PV_0 = R/r$ 분석의 편의를 위해서 아래와 같은 수준으로부터 출발하기로 하자.

$$(C = \overline{R}/m) = (\overline{R}/r = PV_0),\ \ m = r \quad \cdots\cdots (2.11)$$

식 2.11에서 투자의 한계효율 m은 일정하다고 가정하고 이자율 r이 변화하면 다음과 같은 결과를 얻는다.

r이 상승하게 되면 (=m<r) $PV_0 < C$이므로 투자가 이루어지지 않는다. 또한 r이 하락하게 되면 (=m>r) $PV_0 > C$이므로 투자가 발생하며, r이 하락할수록 $PV_0 > C$의 격차는 더 커지게 되고 따라서 투자는 더욱 왕성하게 이루어지게 된다.

4) 정부지출

정부지출 G는 정부의 살림살이 규모를 의미한다. 정부지출은 조세를 재원으로 기업이 생산해낸 재화 및 서비스에 대한 수요의 역할을 한다. 그런데 정부지출 G의 크기를 결정하는 독립변수는 무엇인가? 우리의 경제순환모형 내에서는 정부지출 G의 크기를 결정하는 변수는 없다. 왜냐하면 이것은 정부의 정책에 의해서 결정되기 때문이다. 즉 정책에 의해서 결정되는 정부지출의 양은 우리의 경제모형 외부로부터 결정되어지므로 여타의 경제모형 내에 있는 이자율 r이나 고용 L 등의 변수와는 아무런 상관이 없다. 따라서 정부지출이라는 변수와 이자율이라는 변수간의 관계를 그림으로 표현하면, 그림 2.4와 같이 정책적으로 결정된 정부지출 G_1에서 수직인 형태를 취하게 된다.

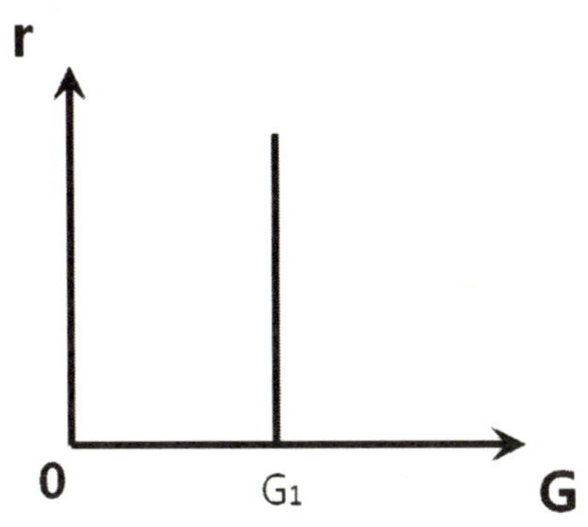

[그림 2.4] 정부지출곡선

5) 저축 및 조세

저축함수는 앞에서 케인즈의 소비함수와 저축함수에서 소개했으므로 여기서는 상세한 설명은 생략하기로 한다. 다만 저축의 크기에 영향을 미치는 독립변수는 소득이며 소득이 증가할수록 저축도 증가하는 성향을 갖는다라는 것만 기억해두면 될 것이다. 조세 또한 조세의 크기에 영향을 미치는 독립변수로서 그 사람의 소득수준을 들 수 있다. 그리고 소득수준 증가에 따라 조세의 양도 증가하는 증가적 함수이다. 그러므로 저축 및 조세함수는 다음과 같이 정의된다.

$$S = s(Y), \quad \Delta S/\Delta Y > 0$$
$$T = t(Y), \quad \Delta T/\Delta Y > 0$$

2.2.3 I + G 함수 및 S + T 함수

1) I + G 함수

우리는 투자량 I가 이자율 r과 역관계에 있다는 것을 살펴보았다. 그렇다면 투자량과 정부지출을 합한 I + G 함수는 어떻게 표현할 것인가. 정부지출 G는 정부의 살림살이규모를 말한다. 그리고 이것은 정책적으로 결정이 된다. 즉 우리의 모델 내 에서의 어떤 메커니즘에 의해 결정되는 것이 아니라 모델 외부로부터 그 값이 결정되어 모델 내부로 들어온다는 것을 의미한다. 그러므로 정부지출 G는 이자율 r과 아무런 관계를 보이지 않게 된다.

투자량 I와 정부지출 G를 합하면 다음과 같은 I + G 곡선을 얻을 수 있다.

그림 2.5의 (a)에는 투자곡선이, (b)에는 정부지출곡선이 나타나 있다. 이자율 r_1수준에서 투자량은 그림(a)의 I_1이고, 정부지출의 양은 (b)의 G_1이다. 따라서 이자율 r_1수준 하에서 투자량과 정부지출을 합한 양은 그림 (c)의 $G_1 + I_1$만큼이 된다. 이에 해당되는 점이 A점이다.

그리고 r_1보다 낮은 이자율 r_2수준에서 살펴보면, 투자량은 I_2이고 정부지출은 이자율 r_1수준과 동일한 G_1이다. 따라서 그림 (c)의 $G_1 + I_2$를 나타내는 점B로써 설명이 된다.

결국 I + G 곡선은 투자곡선을 외생적으로 결정된 정부지출의양 G_1만큼 원점 밖으로 이동되는 형태를 갖게 된다.

2) S + T 함수

앞에서 설명한 바와 같이 저축함수 S와 조세함수 T모두 소득이라는 독립변수를 갖는다. 따라서 저축과 조세를 합한 S + T 함수는 각 소득수준에 따른 저축의 양과 조세의 양을 수평으로 합하여 얻어질 수 있다. 그림 2.6에는 소득의 증가에 따라 증가하는 저축함수와 조세함수가 그림 (a)와 (b)에 그려져 있다. 소득수준 Y_1수준에서 저축은 그림 (a)의 S_1이고 조세는 그림(b)의 T_1이다. 따라서 소득수준 Y1하에서 S + T는 그림 (c)에서 A_1점에 해당된다. 또한 소득 Y_2수준 하에서 저축의 양은 그림 (a)의 S_2고 조세는 그림 (b)의 T_2이므로, Y_2소득수준 하에서는 S + T는 그림 (c)의 A_2점에 해당된다. 결국 그림 (c)의 A_1, A_2점을 연결한 것이 S + T곡선이 된다.

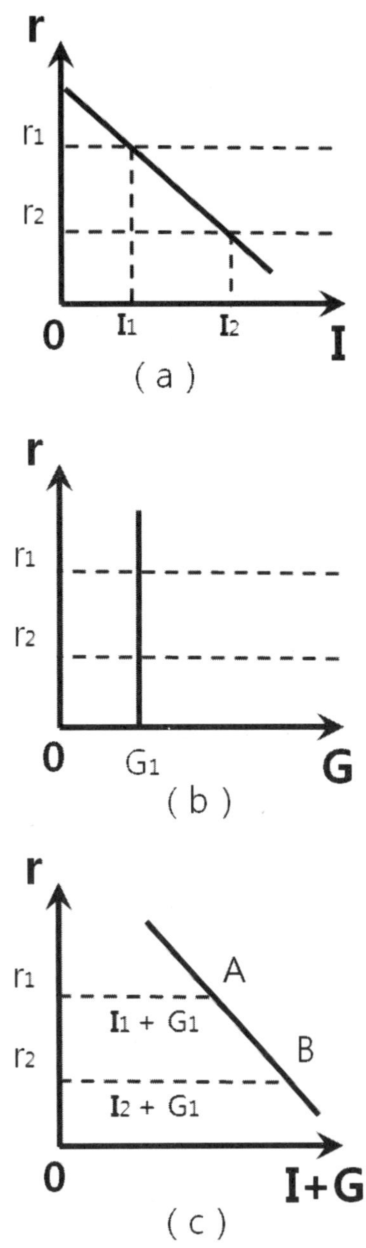

[그림 2.5] I+G 곡선

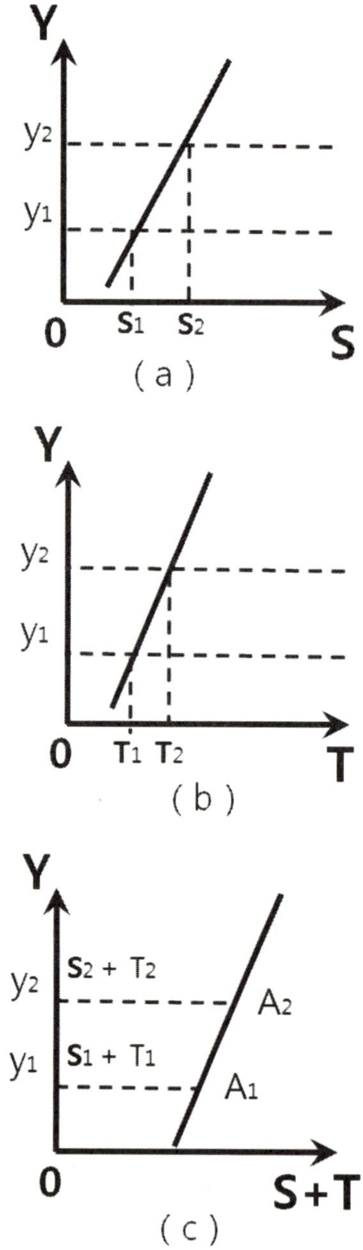

[그림 2.6] S + T 곡선

2.2.4 IS 곡선

우리는 지금까지 S + T 함수와 I + G 함수를 살펴보았다.

S + T에 영향을 미치는 독립변수로서 소득수준 Y를 고려했고, I + G에 영향을 주는 독립변수로서 이자율r을 고려했다.

그리고 실물시장의 균형조건은, 재화의 수요=재화의 공급이었으며 이는 I + G = S + T로 요약되어졌다.

즉, I + G = S + T ······························ (2.12)
(r) (Y)

지금까지의 내용을 4사분면의 그림을 이용하여 설명하기로 하자.

먼저 I + G 함수와 S + T 함수를 다시 한 번 정리하고 넘어가기로 한다.

함수란 변수와변수간의 일대일의 기술적인 대응관계를 말하는데, 이들 변수 중 어떤 변수는 다른 변수의 값이 정해지면 이에 따라 비로소 값이 정해지는 변수가 있는데 이 같은 변수를 종속 변수라 한다. 그 예로 학생 여러분들의 용돈을 생각해보자. 용돈의 크기는 자기 스스로 결정되는 것이 아니며, 용돈의 크기에 가장 큰 영향을 미치는 변수로는 부모님의 소득을 들 수 있다. 따라서 용돈을 m, 부모님의 소득을 Y라 하면 용돈 함수는 다음과 같이 표현된다.

용돈 m = f(부모님의 소득 Y)

여기서 독립변수는 Y이고 용돈 m은 종속변수인 것이다.

따라서 I + G 함수를 함수의 형태로 표현하면 다음과 같다.

$$I + G = f(r)$$

즉 이자율 r의 값이 결정되면 혹은 이자율 r의 값을 알 수 있다면 종속변수인 I + G의 값을 알 수 있다는 의미가 된다.

한편 S + T 함수는 S + T = g(Y)의 함수 형태로 표현할 수 있으며, 이 또한 소득 Y의 값을 알면 종속변수인 S + T의 값을 알 수 있다는 의미가 된다.

그림 2.7의 2사분면에는 I + G 곡선이 그려져 있다. 모든 이자율수준 r에 상응하는 I + G의 양이 나타나있다. 즉 I + G 곡선이 그려져 있다. 그리고 4사분면에는 독립변수 Y값에 상응하는 S + T의 양이 나타나있다.

이는 S + T 곡선으로 표현되어있다. 또한 3사분면에는 45° 의 보조선이 그려져 있는데 이는 I + G = S + T에서 좌변 I + G와 우변 S + T를 동일하게끔 만들 수 있는 보조선이다.

이제 1사분면의 점 E_1을 살펴보기로 하자.

먼저 4사분면의 S + T 곡선에서, 독립변수 Y값인 Y_1의 크기를 알 수 있다면, 종속변수인 S+T의 값을 알 수 있게 된다. 소득의 크기가 Y_1일 경우 S + T의 크기는 $(S + T)_1$이다. 이는 3사분면의 보조선을 통해 살펴보면 2사분면의 $(S + T)_1$과 동일한 크기는 $(S + T)_1$로 나타나있다.

또한 2사분면에서, 독립변수인 이자율 r의 값을 알게 되면 종속변수인 I + G의 값을 알게 됨을 의미한다. 만약 이자율이 r_1이라면 종속변수의 값은 $(I + G)_1$이 됨을 알 수 있다. 이 $(I + G)_1$의 값은 3사분면의 보조선을 통해 살펴보면 $(S + T)_1$과 동일한 크기를 나타낸다.

따라서 재화시장에서 소득 Y와 이자율 r의 조합점이 1사분면의 E1과 같다면, I + G는 S + T와 동일한 값을 갖게 된다는 것을 알 수 있다. 이는 재화시장의 균형조건 I + G = S + T를 충족시키므로 재화시장을 균형에 있게 할 수 있다.

이번에는 다시 1사분면의 E_2점을 살펴보기로 하자.

E_2는 소득과 이자율의 조합인 Y_2, r_2로 표현된다. 먼저 이자율이 r이 r_2로 정해졌다고 하자. 독립변수인 이자율의 값을 알고 있으므로 종속변수인 I + G의 크기를 알 수 있는데, 이는 2사분면에 나타나 있다. 즉 이자율 r_2일 때 I + G는 $(I + G)_2$이다.

이번에는 소득수준이 주어졌다고 하자. 독립변수인 소득수준이 Y_2

로 주어지면 종속변수인 S + T의 크기를 알 수 있다. 4사분면에 소득수준이 Y_2일 때의 S + T는 $(S + T)_2$로 나타나 있다. 이는 3사분면의 보조선을 통해서도 4사분면과 동일한 $(S + T)_2$가 표시되어있다. 소득이 Y_2일 때의 S + T는 $(S + T)_2$로서 3사분면에 표시 되었고, 이자율 r_2일 때의 I + G는 3사분면에 $(I + G)_2$로 나타나있으며 $(S + T)_2 = (I + G)_2$이다. 즉 재화시장의 균형조건이 충족된다.

그러므로 소득과 이자율의 조합점이 $E_1(Y_1, r_1)$일 경우 재화시장의 균형조건인 I + G = S + T를 충족시키고, 조합점이 $E_2(Y_2, r_2)$일 경우도 I + G = S + T의 재화시장 균형조건을 충족시킨다.

재화시장을 균형 있게 할 수 있는, 재화시장의 균형조건을 충족시키는 이자율 r과 소득수준 Y의 조합 점은 E_1점과 E_2점뿐만 아니라 그 외 무수한 조합 점들이 존재할 수 있다. 이 같은 조합 점들을 연결하면 IS 곡선을 얻을 수 있다. 따라서 IS 곡선은 재화시장을 균형에 있게 할 수 있는 소득 Y와 r의 조합 점들의 궤적이라 말할 수 있다.

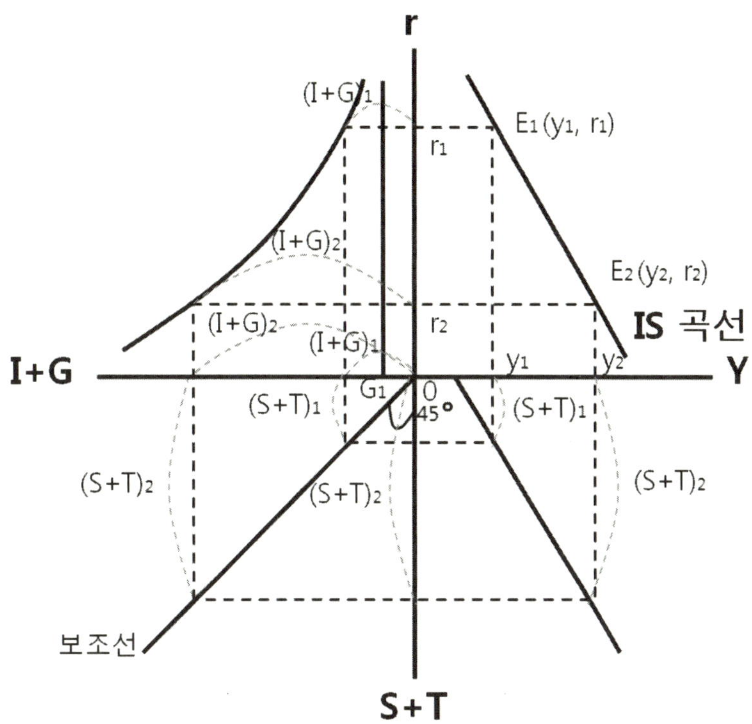

[그림 2.7] IS 곡선

2.3 화폐시장의 균형

2.3.1 화폐와 금융기관

1) 화폐의 본질

(1) 화폐의 기능

화폐(money)는 다음과 같은 기능을 갖고 있다.

첫째, 일반적인 교환의 매개수단으로서의 기능을 갖고 있다.

둘째, 회계의 단위 혹은 가치척도로서의 기능을 갖고 있다.

셋째, 장래 자본의 표준[1]으로서의 기능을 갖고 있다.

넷째, 가치저장수단의 기능을 갖고 있다.

(2) 화폐의 정의

화폐에 대한 정의는 어떤 통일된 정설이 존재하지 않는다. 이는 화폐의 4가지 기능 중 어떤 것을 중시하는가에 따라 조금씩 달라질 수 있기 때문이다. 그러나 일반적인 교환의 매개수단으로서의 기능을 중시한다면 다음과 같은 정의를 내릴 수 있다. 즉, 화폐란 상품을 매매하고 채권, 채무관계를 청산하는 일상거래에서 일반적으로 통용되는 지불수단을 말한다.

통화 지표 통화량이란, 시중에서 통용되고 있는 화폐를 어느 시점에서 측정한 총액을 말하며, 통화량을 측정하는 지표를 통화지표라 한다.

화폐는 시대적으로 물품화폐 → 금속화폐 → 지폐 → 예금화폐 → 전자화폐 등의 형태로 발달해 왔다. 우리는 현실경제 속에서는 오늘날 다양한 종류의 예금화폐와 전자화폐가 있다. 이중에서 어떤 것까지를

1) 외상거래의 경우 장래에 지불할 대가는 일반적으로 화폐단위로 표시된다.

화폐로 볼 것인가에 대하여는 뚜렷한 해답이 없다. 따라서 여러 개의 통화지표를 편성하여 병용하고 있는 것이 일반적인 현상이다.

통화량은 특정 시장에서 측정하는 축량(stock)이다.

우리나라에서는 현재 어디까지를 화폐로 보느냐에 따라 통화(M_1). 총통화(M_2), M_2A[2], M_2B[3], 총유동성(M_3) 등의 통화지표를 편성하여 사용하고 있다.

통화 (M_1)란, 화폐의 지불수단으로서의 기능을 중시하여 민간이 보유하고 있는 현금(현금통화)에 통화금융기관 즉, 은행의 요구불예금을 합한 것으로 정의 된다.

요구불예금(demand deposits)이란, 고객이 원할 때 은행이 즉시로 지불해 주어야 하는 예금을 말한다. 요구불예금이 가장 좁은 의미의 통화량 개념인 M_1에 포함되는 이유는 사람들이 요구불예금을 기초로 수표를 발행하고 이 수표가 현금 대신으로 광범위하게 사용되고 있기 때문이다. 우리나라에서는 당좌예금, 보통예금, 별단예금, 가계종합예금 등이 요구불예금에 속하며 이를 예금통화라고도 한다.

이상의 내용을 정리하면 아래와 같다.

통화(M_1) = 민간보유현금(현금통화) + 은행의 요구불예금(예금통화)

총통화(M_2)는 M_1에 은행의 저축성예금과 거주자 외화예금까지도 화폐로 정의한다. 이때 은행의 저축성예금과 거주자 외화예금을 준통화(near money 혹은 quasi-money)라 한다. 따라서 $M_2 = M_1 +$ 준통화가 된다. 한편, 1980년대 들어와 은행 이외의 금융기관인 제2금융권 즉, 비통화 금융기관이 급속한 성장을 하게 되었다. 이들 비통화 금융기관의 여러 가지 저축수단들은 유동성이나 수익 면에서 은행예금과 유사할 뿐 아니라 수시로 현금이나 요구불예금으로 전환할 수 있다. 비통화금융기관이 전체 금융기관에서 차지하는 비중이 점차로 증

---

2) 총통화M_2에서 유동성이 매우 낮은 2년 이상 단기 정기예금과 적립식예금등의 장기저축성예금을 제외한 단기유동통화지표이다.

3) M_2B는 M_2A에 CD와 비통화금융기관의 유동성이 높은 단기예수금을 합한 것이다.

가하게 됨에 따라 가장 넓은 의미의 통화지표인 총유동성(M_3)을 편성하게끔 만들었다. 또한 전체 금융기관이 발행하는 각종 채권의 규모도 점차로 커지게 되었고 이 채권은 손쉽게 M_1로 전환 가능한 것이므로 이것도 M_3의 범주에 편성 되었다.

총유동성(M_3)은 M_2에 다음과 같은 것들이 추가로 편성되어진다. 즉, 비통화 금융기관예수금[4], 금융채권발행액[5],상업어음매출액[6], 양도성예금증서 발행액[7], 그리고 환매체매도액[8]이 바로 그것이다.

정책지표로서의 통화지표는 물가나 경제성장 등과 밀접한 관계를 갖고 있으며 통화당국에 의해 조정. 통제가 가능해야 한다. 따라서 통화당국은 이러한 조건을 가장 잘 충족시키는 통화지표를 선정하여 그것을 중심으로 통화정책을 실시하게 되는데 이 같은 지표를 중심통화지표라 한다.

우리나라에서는 1979년부터 M_2를 중심통화지표로 활용하고 있다.

2) 금융과 금융기관

(1) 금융과 금융시장

금융(finance)이란, 돈을 빌려주거나 빌려 쓰는 자금의 융통을 의미한다. 금융은 화폐를 빌려주고 대신 이자수익을 얻으려는 공급자와 이자를 지불하고 자금을 빌려 쓰려는 수요자에 의해 이루어진다. 따라서 금융이란, 이자를 매개로하여 이루어지는 화폐의 수요. 공급을 뜻한다. 금융시장이란, 자금거래가 지속적으로 이루어지는 조직이나 기구

4) 비통화금융기관 예수금은 비통화금융기관이 어음발행, 출자액, 기금, 보험료 등의 형태로 받아들인 것을 말한다.

5) 금융채권이란, 은행이 발행하는 채권을 말한다.

6) 상업어음매출액은 제2금융권이 기업으로부터 사들인 어음을 일반에 다시 매각한 금액을 말한다. 그리고 상업어음은 상품을 구입한 사람이 대금결제를 약속한 진성어음(real bill)을 말한다.

7) 양도성예금증서(negotiable certificate of deposits : CD)는 만기 91일 이상 270일 이내의 정기예금을 무기명으로 발행하여 중도해약을 하지 않는 대신 다른 사람에게 팔 수 있도록 한 것이다.

8) 환매처 또는 환매조건부채권(repurchase agreement : RP)은 은행, 증권회사, 우체국 등이 보유하고 있는 채권을 고객에게 판매한 후 고객이 원할 경우 언제든지 일정의 수익을 가산하여 다시 사들이는 채권을 말한다.

를 말한다.

금융시장[9])은 대부기간이 1년 미만인 단기금융시장(short-run funds market)과 1년 이상의 장기금융시장(long-tern funds market)으로 구분된다. 단기금융시장(화폐시장)에는 콜시장(call market)과 할인시장(discount market)이 있다.

콜시장은 만기가 하루에서부터 2주 정도까지의 최단금융시장이다. 이 시장은 주로 금융기관 상호 간에 일시적인 유휴자금이 거래되는 금융시장이다. 콜시장에서 거래되는 자금을 공급자 측면에서는 콜론(call loan)이라 하고 수요자 측에서는 콜머니(call money)라 하며, 콜머니에 대한 금리를 콜레이트(call rate)라 부른다.

할인시장은 주로 상업어음, 융통어음, 재정증권 등이 거래되는 시장이다. 어음을 소유한 사람이 어음의 만기일 이전의 자금을 필요로 할 때 그 어음을 제3자에게 양도하고 자금을 조달할 수 있다. 이때 어음의 구매자는 어음 만기일까지의 금리를 공제하고 어음을 구입하게 되는데 이를 어음할인이라 한다.

장기금융시장(자본시장)에는 장기대부시장과 증권시장이 있다. 장기대부시장은 기업의 설비자금과 같은 장기자금이 산업은행이나 중소기업은행 및 장기신용은행 등에 의해 대부되는 시장을 말한다.

(2) 금융기관

금융기관이란, 자금의 수요와 공급을 중개하는 기관을 말한다. 우리나라에서의 금융기관은 보통통화금융기관과 비통화금융기관으로 구분된다. 통화금융기관은 M_1을 공급하거나 창출하는 기관으로서 현금통화를 공급하는 중앙은행과 예금통화를 창출하는 예금은행으로 구성된다. 비통화금융기관은 통화금융기관을 제외한 조직화된 모든 금융기관을 말한다.

9) 우리나라의 금융시장은 조직화된 제도금융시장과 비 조직화된 사 금융시장으로 나눈다. 제도금융시장은 다시 통화금융기관(제1금융권)과 비통화금융기관(제2금융권)으로 구분한다. 사 금융시장의 예로서는 사채, 전당포, 계 등을 들 수 있다.

① 통화금융기관

통화금융기관은 중앙은행과 예금은행으로 구성되어 진다. 이중 중앙은행[10]은 다음과 같은 기능을 한다.

첫째, 지폐와 주화를 발행하는 발권은행으로서의 기능을 수행한다.

둘째, 다른 금융기관에 대해 여·수신과 감독을 행하는 「은행의 은행」으로서의 기능을 갖는다.

셋째, 통화금융정책의 집행기관으로서의 통화량을 조절한다.

넷째, 국고금의 출납, 정부에 대한 여신 및 국채발행 등 정부의 은행으로서의 기능을 갖고 있다.

다섯째, 외환관리업무를 수행한다.

통화금융기관 중의 하나인 예금은행은 일반은행과 특수은행으로 나뉜다. 특수은행은 특별법에 의해 설립되어 대부분 정부의 직접적인 감독하에 있으며, 운영자금의 대부분을 정부출자에 의존하고 있다는 점이 일반 은행과 다른 점이다. 이 같은 특수은행으로서 중소기업은행, 국민은행, 한국주택은행, 농·수·축협조합의 신용사업부 등을 들 수 있다.

② 비통화금융기관

비통화금융기관은 통화금융기관에 비하여 수신업무에 있어 요구불예금의 형태로 자금을 흡수할 수 없다는 차이점이 존재한다. 비통화금융기관은 크게 개발기관, 투자기관, 저축기관, 보험기관으로 나뉜다.

2.3.2 화폐공급과 금융정책

1) 화폐공급

화폐의 공급은 중앙은행이 독점적으로 공급하는 본원통화와 이것을 기초로 하여 예금통화나 준통화를 만들어내는 예금은행 조직의 신용

10) 중앙은행의 가장 중요한 임무는 통화가치의 안정이다. 이를 위해 중앙은행은 각종 통화금융정책을 실시하며 이러한 의미에서 중앙은행을 통화당국이라고도 부른다.

창조에 의하여 이루어진다. 통화 공급은 어느 시점에서 경제가 보유하고 있는 실제 통화의 수량을 표시하는 통화량의 개념으로서 M_1이나 M_2를 말한다.

2) 지급준비금

예금은행은 민간으로부터 예금을 받아 대출업무나 유가증권 등에 투자함에 의해서 수익을 갖게 된다. 대출이나 유가증권 등에 대한 투자가 많아질수록 예금은행의 수익은 커지게 되지만 정도 이상의 투자가 이루어지는 경우 예금자의 예금인출 요구에 응할 수가 없게 되므로 부도가 발생하게 된다. 그러므로 중앙은행은 예금은행으로 하여금 예금액의 일정 비율을 예금인출 요구에 응할 수 있도록 준비금으로 반드시 보유 하도록 하고 있다. 이 같은 예금액에 대한 보유비율을 법정지급준비율(legal reserve ratio)이라 한다. 예금은행의 법정지급준비금은 예금은행의 금고에 현금(시재금)의 형태로 보유되기도 하지만 대부분 중앙은행에 예치된다. 그러나 실제로 예금은행들은 법정지급준비금을 초과하여 예금액의 일부를 시재금으로 소지하고 있는 것이 일반적이다. 이를 초과지급준비금이라 한다.

총 지급준비금 혹은 지급준비금은 법정지급준비금과 초과지급준비금을 합한 것이다. 그리고 지급준비금을 총예금액으로 나눈 비율을 지급준비율 혹은 지준율이라 한다.

3) 중앙은행의 본원 통화 공급을 통한 현금통화공급

(1) 본원통화의 의의

중앙은행의 창구를 통하여 시중에 나온 현금을 본원통화(reserve base)라 한다. 본원통화는 민간의 수중으로 흘러 들어가기도 하고 예금은행으로 들어가기도 한다. 민간의 수중에 남아 있는 본원통화는 민간수중에 그대로 남아 있기도 하고 예금은행에 예치되기도 한다. 민간수중에 그대로 남아 있기는 본원통화가 현금통화이다. 그리고 중앙은행에 의해 예금은행으로 들어간 본원통화와 민간에 의해 예금은행으로 들어간 본원통화는 일부가 법정지급준비금의 형태로서 예금은행의 시재금이 되고 나머지는 중앙은행에 예치된다. 본원통화에서 이 중앙은행 지급준비예치금을 공제한 것을 화폐발행액이라 한다. 화폐발행액은 중앙은행 이외에 남아 있는 현금 총액을 나타낸다. 이를 표로 나타내면 표 2-1과 같다.

〈표 2-1〉 본원통화의 구성

<table>
<tr><th colspan="3">본원통화</th></tr>
<tr><td>현금통화</td><td colspan="2">예금은행 지급준비금</td></tr>
<tr><td>현금통화</td><td>예금은행시재현금</td><td>중앙은행 지급준비예치금</td></tr>
<tr><td colspan="2">화폐발행액</td><td>중앙은행 지급 준비예치금</td></tr>
</table>

(2) 본원통화의 공급 경로

중앙은행이 공급하는 본원 통화는 다음과 같은 경로를 통하여 공급된다.

① 본원통화는 정부부문을 통하여 공급된다. 한국은행의 정부에 대한 대출이 정부의 한국은행에 대한 예금보다 클수록 (재정적자폭이 커질수록) 순대정부대출이 증가하게 되고 정부 부문을 통한 본원통화의 공급이 증가하게 된다.

② 본원통화는 예금은행을 통하여 공급된다. 이는 예금은행이 중앙은행으로부터 대출을 많이 받을수록 본원통화가 그만큼 증가한다는 것을 의미한다.

③ 본원통화는 해외 부문을 통하여 공급된다. 수출증가, 차관 등의 외자도입이 이루어지는 경우 외환이 국내에 유입하게 된다. 이 외환은 대부분 중앙은행이나 예금은행이 매입하게 되는데 예금은행도 나중에는 중앙은행에게 외환을 매각하게 되므로 결과적으로는 중앙은행이 외환을 매입하게 된다. 외환을 매입하게 되면 외환을 매각하는 사람에게는 원화로 지급해야 하므로 본원통

화가 증가하게 되는 것이다.

④ 중앙은행은 기타 자산의 순 증가를 통해 본원통화를 증가시킬 수 있다 중앙은행이 건물이나 시설 등을 구입하거나 국. 공채와 같은 유가증권을 매입하는 경우 본원 통화는 증가하게 된다.

4) 예금은행의 신용창조와 예금통화공급

예금은행의 신용창조 과정을 보다 쉽게 이해하기 위하여 몇 가지 가정을 세우기로 하자.

첫째, 예금은행에 예치되는 예금은 모두 요구불예금이다. 즉 저축성 예금은 없다고 가정한다.

둘째, 예금은행 조직 외부로의 현금누출은 없다고 가정한다. 즉, 특정의 예금은행으로부터 대출을 받은 사람은 전액을 자신이 거래하는 예금은행에 요구불예금의 형태로 예치하고 모든 거래는 현금이 아닌 수표(요구불예금)로 이루어진다.

셋째, 예금은행은 유가증권에 대한 투자는 하지 않으며 대출업무의 형태로만 자금을 운용한다.

넷째, 예금은행은 법정지급준비금만 보유하며 초과지급준비금은 없다고 가정한다.

이제 위와 같은 가정 하에서 예금은행이 요구불예금의 형태로 예금통화를 창조해가는 과정을 살펴보기로 하자. 예를 들어 (갑)이라는 사람이 현금 100만원을 A라는 은행에 요구불예금으로 예치하였다고 하자.[11] 이때 법정지급준비율이 20%라 하면 A은행은 20만원을 법정지급 준비금으로 보유하고 나머지 80만원은 대출업무에 사용하게 된다. 이것이 표 2-2에 나타난 A은행 대차대조표의 차변(자산란)에 나타난 자산증가의 세목이다. 그러나 이 100만원은 (갑)에게 되돌아가야 할 몫이기 때문에 A은행으로서는 대차대조표의 대변에 부채 증가로서 요

11) 이를 본원적 예금이라 하며 이는 예금은행 조직 외부로부터 예금은행 조직내부로 최초로 흘러 들어온 예금을 말한다. 한국은행 창구로부터 예금은행 조직으로 일정 금액을 예치하면 이같은 일정금액의 본원통화도 본원적 예금에 속한다.

〈표 2-2〉 예금은행의 대차대조표 (단위 : 만원)

A은행

자 산		부 채	
지급준비금 대출	+20 +80	요구불예금	+80
합계	+100	합계	+80

B은행

자 산		부 채	
지급준비금 대출	+16 +64	요구불예금	+80
합계	+80	합계	+80

C은행

자 산		부 채	
지급준비금 대출	+12.8 +51.2	요구불예금	+64
합계	+64	합계	+64

구불예금 100만원이 기입된다.

A은행이 80만원을 (을)에게 대출하고 (을)은 이 금액을 자기의 거래 은행인 B은행에 요구불예금으로 예치한다고 하자. 그러면 요구불예금(=통화)은 80만원이 증가하게 된다. 지금까지의 요구불예금의 합계는 (갑)의 A은행에 대한 요구불예금 100만원과 (을)의 B은행에 대한 요구불예금 80만원을 합쳐 180만원이 된다. 그러므로 80만원의 예금통화가 창조된 것이다. 그러나 통화량의 증가는 이 과정에서 끝나는 것이 아니다. 즉, B은행은 (을)로부터 예치된 80만원 중 법정지급준비금 16만원을 공제한 64만원을 갖고 이를 (병)에게 대출할 수 있게 된다. 또한(병)은 64만원을 자기의 거래 은행인 C은행에 예치하게 되고 C은행은 법정지급준비금 128,000원을 공제한 512,000원을 대출업무에 활용할 수 있게 되고,....의 과정이 계속된다.

이 같은 과정을 통하여 예금통화의 창출이 이루어지게 되는데 표 2-3에서와 같이 A은행의 본원적 예금 100만원을 기초로 하여 예금은행 조직 전체에서 500만원의 예금통화가 창출되었음을 알 수 있다.

표 2-3은 다음과 같이 계산된다.

요구불예금 총액 = 100만원 + (100 × 0.8) + (100 × 0.82) + ...(100 × 0.8n)
= 100만원(1 + 0.8 + 0.82 + ... 0.8n)
= 100만원(1/1 − 0.8)
= 100만원 × 5
= 500만원

〈표 2-3〉 예금통화의 창조 (단위 : 만원)

은행	요구불예금	대출	법정지급준비금
A	100	80	20
B	80	64	16
C	64	51.2	12.8
D	51.2	40.96	10.24
·	·	·	·
·	·	·	·
·	·	·	·
·	·	·	·
총계	500(예금창조액)	400(예금창조액)	100(본원적 예금)

위의 내용을 살펴보면, 본원적 예금의 변화를 ΔS, 법정지급준비율을 r, 통화 공급의 변화를 ΔM, 그리고 요구불예금 총액의 변화를 ΔTD라 할 때 다음과 같은 공식이 성립함을 알 수 있다.

$$\Delta M = \Delta TD = 1/r\ \Delta S \quad \cdots\cdots (2.13)$$

식 2-13은 예금은행 조직의 신용창조에 관한 필립스(C. A. Philips)의 공식이다. 현금누출이 없고 초과지급준비금이 없을 때 본원적 예금은 그것의 몇 배에 해당하는 요구불예금을 창출하는데 이 배수를 신용승수(credit multiplier)라 한다. 식 2-13에서의 신용승수는 법정지급준비율의 역수인 1/r이다. 식 2-13에서 신용승수의 크기가 법정지급준비율과 역관계에 있으므로 r이 클수록 신용승수는 작아지게 된다.

본원적 예금에 의해 추가로 창출 혹은 파생된 요구불예금을 파생적 예금(derivative deposits) 또는 파생적 통화라고 한다. 파생적 예금 총액 또는 순예금 창조액 $\triangle DD$ 는 결국 요구불예금 창조액 $\triangle TD$에서 본원적 예금 $\triangle S$를 공제한 것과 동일하다.

$$\triangle DD = 1/r\ \triangle S - \triangle S = (1-r)/r\ \triangle S \quad \cdots\cdots (2.14)$$

식 2-14에서 1-r/r을 순신용승수(net credit multiplier)는 순신용승수는 본원적 예금이 요구불예금 즉 통화를 얼마만큼 증가시켰는지를 나타내는 배수이다.

5) 금융정책

(1) 금융정책의 의의와 목적

금융정책(monetary policy)이란, 정부와 중앙은행 즉, 금융정책당국이 통화량이나 이자율을 조절하여 국민경제의 안정적 성장을 실현하고자 하는 제반 경제정책을 말한다. 금융정책의 체계는 일반적으로 최종목표, 운영목표 그리고 수단의 세 가지 요소로 구성된다. 금융정책의 최종목표란, 금융정책이 달성하고자 하는 국민경제 운용상의 목표를 말한다.

현재 세계 각국은 물가안정, 완전고용의 달성, 국제수지불균형의 해소, 경제성장 등을 금융정책의 최종목표로 삼고 있는데 금융정책의 궁극적인 목적은 국민경제생활을 행복하게 만드는 것이다.

금융정책의 운영목표는 금융정책의 최종목표를 달성하기 위하여 금융정책당국이 나름대로의 효율적인 조정, 통제가 가능한, 그리고 최종

목표와 밀접한 상관관계를 가지고 있는 금융지표를 말한다. 통화량과 이자율이 이 같은 금융지표에 해당된다.

금융정책의 수단이란, 금융정책의 운영지표인 통화량과 이자율을 적정수준으로 조정, 통제하기 위하여 금융정책당국에 의해 자유로이 사용될 수 있는 여러 가지 정책수단을 말한다. 금융정책수단을 사용하여 금융정책의 지표변화를 통해 금융정책의 최종목표를 달성하는 일련의 과정을 금융정책의 파급 경로(transmission mechanism)라 하는데 이를 보여주고 있는 것이 그림 2.8이다.

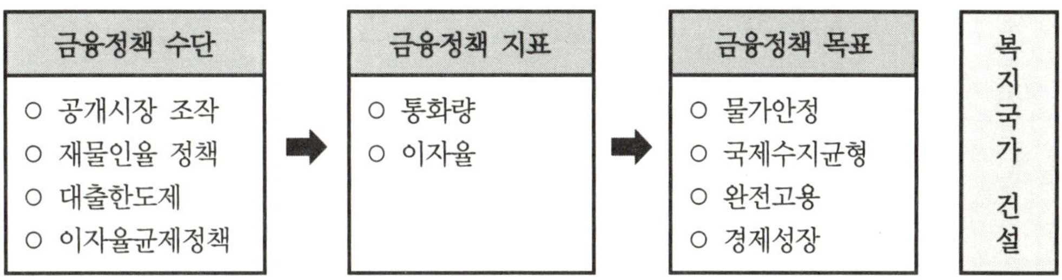

[그림 2.8] 금융정책의 파급 경로

(2) 금융정책의 수단

금융정책의 수단은 일반적 정책수단과 선별적 정책수단으로 구분한다. 일반적 정책수단이란, 정책효과가 국민경제 전반에 미칠 수 있도록 고안된 정책수단을 말한다. 선별적 정책수단이란 정책효과가 국민경제의 어떤 특정 부문에만 선별적으로 미치는 정책수단을 말한다.

일반적 정책수단으로는 공개시장조작, 지급준비율정책, 재할인율정책 등을 들 수 있으며, 선별적 정책수단으로는 대출 한도제, 이자율규제정책 등을 들 수 있다.

(3) 일반적 정책수단

① 공개시장조작(open market operation) : 중앙은행이 증권시장에서 기관 투자가나 민간을 대상으로 국공채 등의 유가증권을 매입 혹은 매각함에 의해 통화량을 조절하고 이자율에 영향을 미치게 하는 정책수단을 말한다. 중앙은행이 국채를 매입하면

통화량은 증가하고 이자율은 하락하게 된다.

② 지급준비율정책(reserve requirements policy) : 중앙은행이 예금의 법정지급준비율을 변경시킴에 의해 통화량을 조절하는 정책이다. 만약 중앙은행이 법정지급준비율을 인하하게 되면 법정지급준비금이 줄어들게 되므로 변화 이전의 법정지급준비금에서 인하 이후의 법정지급준비금을 공제한 액수만큼의 초과지급준비금이 예금은행에 더 늘게 된다. 이 같은 추가로 증가된 초과지급준비금은 앞에서 이미 설명한 바와 같이 추가적 대출을 통하여 통화량을 증가시키게 된다.

③ 재할인율정책(rediscount rate policy) : 중앙은행이 금융기관에게 빌려주는 자금의 금리를 변경시킴에 의해 금융기관의 중앙은행으로부터 차입하는 자금규모를 조절함으로써 통화량을 조절하는 정책수단이다.

재할인이란, 예금은행이 자금을 대출하면서 고객으로부터 받은 상업어음을 중앙은행에 제시하여 자금을 중앙은행으로부터 차입하는 것을 말한다. 이때 중앙은행이 예금은행 측에 적용하는 이자율을 재할인율이라 한다. 재할인율이 상승하는 경우에는 예금은행이 중앙은행으로부터 차입 받을 수 있는 금액이 줄어들게 되고[12] 이는 예금은행의 초과지급준비금의 감소라는 결과를 가져오게 되므로 통화량이 감소하게 된다.

(4) 선별적 정책수단

예금은행이 민간에게 제공하는 대출에 대해서 통화당국이 선택적. 차별적으로 개입하여 통화량이나 이자율을 조절하고자 하는 직접규제 수단이다.

① 대출한도제(ceiling system) : 대출한도제에는 통화금융기관의

12) 예금은행이 고객으로부터 할인한 100만원 상당의 약속어음을 중앙은행에 제시하고 재할인을 받아 자금을 차입하고자 한다고 하자 이때 재할인율이 10%에서 20%로 인상되면 예금은행은 10%의 재할인율 하에는 90만원을 차입할 수 있었으나 20%의 재할인율에서는 80만원 밖에 차입할 수 없게 되므로 차입자금이 예전에 비하여 줄어들게 된다.

국내여신한도제, 중앙은행 자산규제, 민간은행 자산규제 등이 있다.

② 이자율규제정책 : 통화당국이 금융시장의 이자율을 규제함으로써 신용의 규모와 배분 그리고 통화량 등을 조절하고자 하는 정책을 말한다. 이자율규제는 예금은행의 예금이자율과 대출이자율을 규제하거나 통화 당국이 이들 이자율수준을 직접 결정하는 방식을 취한다.

2.3.3 케인즈의 화폐수요이론

여기에서는 케인즈의 화폐수요이론만을 살펴보기로 한다.

케인즈의 화폐수요이론은 유동성 선호설(theory of liquidity preference)이라 불린다. 유동성이란, 일반적으로 특정 자산이 그 가치의 손실이 없이 얼마나 빨리 교환의 매개수단으로 교환될 수 있는지의 정도를 말한다. 그러므로 통화자체는 가장 완벽한 유동성을 갖고 있다. 이와 같은 의미에서 케인즈는 유동성을 통화 자체로 보고 통화수요를 유동성 선호라고 표현하였다. 케인즈는 왜 사람들이 유동성을 선호하는가에 대하여 유동성 선호의 동기에 따라 분류하였다. 이 같은 동기로서 그는 거래 적 동기에 의한 화폐수요, 예비적 동기에 의한 화폐수요, 그리고 투기적 동기에 의한 화폐수요로 분리하였다.

1) 거래적 화폐수요

사람들은 대부분 주기적인 소득의 수취기간을 갖고 있다. 현재의 소득수취와 다음번의 소득수취 사이에는 일정한 시차가 존재한다. 그 시차 속에서는 지불행위가 이루어져야만 한다. 이러한 지불행위는 봉급생활자들에게는 한 달간의 생활을 지속시키기 위해서, 그리고 생산자들에게는 다음번 소득수취일 까지 의 거래를 지속시키기 위해서이다. 이러한 시차를 메꾸기 위한 지불행위에는 화폐적 지출이 따르게 되며 이와 같은 용도를 위해 필요한 화폐가 바로 거래 적 화폐수요 L_1이다. 이러한 화폐수요는 소득의 증가에 따라 증가하는 증가적 함수이다.

$$L_1 = k(Y),\ k' > 0 \quad \cdots\cdots (2.15)$$

2) 예비적 화폐수요(precautionary demand for money)

케인즈는 계획된 거래를 위한 화폐보유 이외에 예기치 못한 화폐적 지출이 필요하다고 했다. 즉, 계획하지 않았던 일들이 발생함에 따른 추가적 화폐지출이 그 예일 것이다. 케인즈는 이러한 화폐적 지출은 소득의 증가에 따라 증가하는 경향이 있다고 하였다. 앞으로 우리는 위에서 언급한 거래 적 수요와 예비적 수요는 모두 Y 증가에 따라 증가하는 함수로 볼 수 있으므로 예비적 수요를 거래 적 수요에 포함시킬 것이다.

3) 투기적 화폐수요(speculative demand for money)

케인즈의 화폐수요이론에 있어 투기적 화폐수요는 화폐의 교환 기능을 나타내고 있는 반면, 투기적 화폐수요는 화폐의 가치보장수단(혹은 가치축적수단)의 기능에 근거를 두고 있다. 가치축적은 투기로써 주어진 총자산에 대한 화폐잔고와 그 외의 금융적 자산의 비율을 결정함으로써 이루어진다. 이 비율에 의해 투기적 화폐수요와 그 외의 금융적 자산에 대한 수요가 결정되며 또한 채권 혹은 주식과 같은 금융적 자산의 균형가격과 균형이자율이 결정된다. 따라서 케인즈의 투기적 화폐수요이론은 유동성선호에 관한 이론이며 이자율 결정 이론인 것이다. 고전학파는 이자율 결정을 자본시장의 기능에서 찾았다. 즉, 저축과 투자가 일치하는 균형점에서 이자율이 결정된다고 했다. 그들은 이자율이란, 미래의 소비를 위하여 현재의 소비를 포기한 저축에 대한 보상이라고 했다.

이에 반해 케인즈는 저축과 투자의 상호작용은 이자율을 결정하는 것이 아니라 국민소득수준과 고용수준을 결정한다라는 견해를 가졌다. 이자는 저축에 대한 보상이 아니라 유동성을 포기한데 대한 보상[13]이다. 즉, 이자란 투기적 동기에 의해 이자의 창출이 없는 화폐잔고를 가지는 사람들에게 이러한 화폐잔고가 본질적으로 갖고 있는 유동성을 포기하도록 유인하는데 필요한 가격이다. 따라서 현금 이외의 다른 금융적 자산을 소유함으로써 발생될 수 있는 불안정성과 감소된 유동성을 보상하기 위하여 이자라는 형태로 프레미엄(premium)이 지불되어야 된다. 이자율은 현금 형태로 자산을 유지하려는 액수와 유효한 현금의 양을 일치시키는 가격이다. 이자율의 변화는 저축의 크기에 의해 결정되는 것이 아니라 화폐잔고와 그 외의 금융적 자산에 대한 저축형태에 의해 결정된다. 이자율의 기능은 자본재와 소비재 사이의 자원분배를 결정하는데 있는 것이 아니라 총수요를 자극시켜 국민소득과 고용을 증가시키는데 있다.

케인즈는 소득 중 소비와 저축이 결정된 후 또 하나의 결정되어져야 할 문제가 여전히 남아 있다고 했다. 또 하나의 문제란, 저축이 어떠한 형태로 유지 되는가를 결정하는 것이다. 즉, 이자를 산출하는 채권을 구입할 것인지 아니면 이자 산출이 없는 화폐잔고형태로 저축할 것인지에 대한 선택의 문제인 것이다. 저축을 현금잔고로 유지할 것인지 혹은 채권의 형태로 유지할 것인지에 대한 문제는 개인의 자산구성(portfolio)결정 문제이다. 이러한 문제를 살펴보기 위하여서는 먼저 채권에 대한 이해가 우선되어야 할 것이다.

채권은 이의 발행자가 명기된 시간 간격에 따라 고정된 금액의 이자를 채권 매입자에게 지불해야하며, 만기일이 되면 채권의 액면금액을 지불해야 되는 의무에 관한 계약상의 동의이다. 그런데 어떤 채권은 상환기일이 없이 무한히 동일한 금액의 이자만 지급하는 경우도 있다. 1751년 영국에서 발행된 콘솔(consol)이라는 공채가 바로 그것이다. 이 콘솔은 케인즈도 언급했듯이 투기적 화폐수요함수를 설명하는데 매우 유용하다. 따라서 이에 대한 성격을 간단히 밝혀 두고자 한다. 이 공채는 매년 $\overline{R}$라는 이자를 영구히 지급하고 이때 이자율은 r%이다. 그러면 이 공채의 현재가치 P_b는 다음과 같이 정의 된다.

13) John Manard Keynes, The General Theory. p 167

$$P_b = \frac{\overline{R}}{1+r} + \frac{\overline{R}}{(1+r)^2} + \frac{\overline{R}}{(1+r)^3} + \cdots + \frac{\overline{R}}{(1+r)^n} = \frac{\overline{R}}{r} \quad \cdots (2.16)$$

위 식에서 공채의 현재가치 P_b는 이자산의 시장가격을 말한다. 여기서 $\overline{R}$가 고정되어 있다면 P_b와 r은 역관계, 즉 공채가격과 이자율은 역관계에 있다는 결론을 얻어낼 수 있다.

케인즈는 여기에 사람들의 미래이자율에 대한 예상이라는 가정을 도입함으로서 투기적 화폐수요와 이자율 간의 관계를 도출하였다. 케인즈는 투자자들은 모두 제각기 정상(normal)이자율이라는 관념을 갖고 있으며, 이 이자율은 비교적 안정적인 성향을 갖고 있다고 했다. 사람들은 실제이자율 r이 각 개인의 정상이자율 r^n보다 높다면, 미래에 이자율은 떨어지리라는 예상을 하게 된다.

또한 r이 r^n보다 낮다면, 사람들은 미래에 이자율이 상승하리라는 예상을 하게 된다. $r > r^n$인 경우, 이자율이 하락하리라는 예상은 채권가격이 미래에 상승하리라는 예상을 한다는 것과 동일한 결과를 가져온다. 따라서 이때에는 자산 축적의 수단이라는 케인즈의 화폐기능면에서 발전시킨 투기적 화폐잔고는, 저축의 형태가 채권 보유의 형태가 되므로 투기적 잔고는 없다. 즉, 이자율과 채권가격과는 위에서 살펴본 바와 같이 역관계에 있으므로 이자율이 하락하리라는 예상은 채권가격이상승하리라는 예측과 같은 말이다. 채권가격이 상승하리라는 예상은 투자자로 하여금 그의 자산 축적을 증대시키기 위하여 화폐잔고가 아닌 채권의 형태로 자산을 보유하도록 할 것이다. 따라서 투기적 잔고는 케인즈의 양자택일적 선택에 따라 없게 되는 것이다.

또한 $r < r^n$인 경우에는 이자율이 상승하리라는 예상을 하게 되어, 즉 채권가격이 하락하리라는 예상을 하게 되어 그의 자산구성을 화폐잔고로서 유지하려 할 것이다. 따라서 이때에는 투기적 화폐수요의 양은 존재량 전액이 될 것이다.

케인즈는 각 개인의 정상 이자율 r^n에 대한 주관적 선입견은 모두 다른 것으로 가정 하였다. 그러나 아주 높은 이자율 혹은 아주 낮은 이자율에서는, 각 개인의 주관적 선입견을 내포하고 있는 정상이자율 개념에 따른 미래의 이자율 예상에 있어 거의 모든 사람들이 동일한 예측을 하는 경향이 있다고 했다. 따라서 이러한 반응을 보이고 있는 각 개인의 투기적 화폐수요와 이들을 전부 합친 총체적인 투기적 화폐수요는 그림 2.9와 같다.

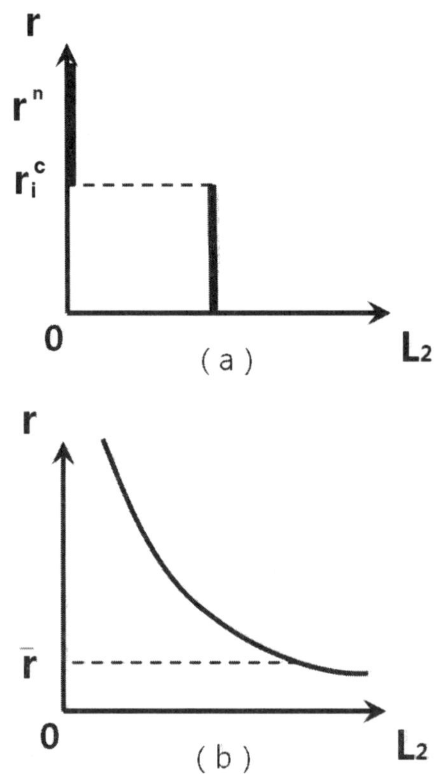

[그림 2.9] 투기적 화폐수요

위 그림의 (a)에서, 이자율 r이 어떤 개인 i의 정상이자율인 r_i^n보다 약간 아래에 있다고 하더라도 채권의 보유에서 나오는 이자 수익이 예상되는 자본손실 보다 클 수 있다. 그 이유는 정상이자율 r_i^n보다 약간 아래에 있는 이자율 r이 다시 정상수준 r_i^n으로 회복할 때 예상되는 자본손실이 채권 보유에서 나오는 이자수익보다 작을 수 있기 때문이다. 그러나 이자율 r_i^n 이하로 하락됨에 따라 증가하는 예상자본 손실이 채권으로부터의 이자수익과 같게 되는 이자율수준이 정상이자율 r_i^n 밑의 어느 곳에 존재하게 된다. 이러한 이자율을 개인의 임계이자율

(critical interest rate)이라 하며 그림에서 r_i^c로 표기되어 있다. 이 이자율 이하에서는 화폐의 형태가 선호된다. 따라서 그림 (a)에서 보면, 어떤 개인의 투기적 화폐수요는 그의 임계이자율 r_i^c 이상에서는 투기적 잔고는 0이 되고 r_i^c 이하의 이자율에서는 거의 모두를 화폐잔고로서 소지하게 된다.

그림 (b)는 이러한 개인들의 투기적 화폐수요를 합친 총체적 수요가 나타나있다. 극히 낮은 이자율수준 $\bar{r}$에서는 모든 사람들이 앞으로 이자율이 오르리라는 통일된 미래 예측을 하게 된다는 것이다. 따라서 모든 사람들은 그의 자산 혹은 부의 가치를 극대화시키기 위해서는 그의 자산형태를, 채권을 매각하여 화폐의 형태로 보유하게 된다. 그러므로 이러한 아주 낮은 이자율 수준에서는 총체적인 투기적 화폐수요는 대단히 증대하여 수평에 가까운 함수형태를 나타내고 있다. 이러한 투기적 화폐수요함수의 탄력계수가 무한대인 구간을 케인즈는 유동성함정구간(liquidity trap)이라고 했다.

이상의 내용을 요약해보면, 투기적 화폐수요 L_2는 이자율 r과 역함수 관계인 것을 알 수 있다.

$$\text{즉, } L_2 = l(r),\ l' < 0 \qquad (2.17)$$

2.3.4 화폐시장의 균형조건

화폐시장이 균형이 있기 위해서는 화폐수요 M^d와 화폐공급 M^s가 같아야 한다.

화폐공급은 통화당국에 의해 외생적으로 결정된다. 따라서 화폐공급 M^s 외생적으로 결정되어지며 이는 실질 화폐공급량이 아닌 명목화폐공급량이다.

그런데 케인즈의 화폐수요 이론을 따른다면, 화폐수요는 거래적 화폐수요와 예비적 화폐수요를 합한 L_1 그리고 투기적 화폐수요인 L_2로 구성된다.

종속변수인 거래적 및 예비적 화폐수요 L_1은 독립변수로서 소득 Y

를 갖고, 종속변수인 투기적 화폐수요 L_2는 독립변수로서 이자율 r을 갖는다.

또한 $L_1 = K(Y)$에서 $dL_1/dY > 0$이며 $L_2 = L(r)$에서 $dL_2/dr < 0$이다.

거래적 화폐수요의 예를 들어보자.

봉급생활자의 평범한 가정에서 한 달간의 생활비가 그 대표적인 경우이다. 보통은 우리 어머님들이 한 달간의 생활에 필요한 생활비를 책정하는데 아무 생각 없이 그 액수를 정하지는 않는다. 즉 그 가족들의 한 달간 생활에 필요한 재화 및 서비스를 실제로 구입하는데 소요되는 액수를 생활비로 책정한다. 이를 고려하여 생활비의 액수를 정하게 되는 것이다.

다시 말하면 구매력에 의해 거래 적 화폐수요가 결정됨을 의미하며 이는 실질 가치에 의해 계산되어짐을 의미한다.

투기적 화폐수요 또한 마찬가지이다.

만약 어떤 사람이 일정량의 화폐를 보유하고 잠자리에 들었다고 가정하자. 그리고 밤사이에 정부가 통화 개혁을 하여 다음날 모든 화폐 단위가 1/10로 변했다고 하자. 이때 이 사람에게 일어난 변화는 물가가 밤사이에 1/10로 변했고 명목가치도 1/10로 변하게 된 사실이다.

결국 실질적인 변화는 일어나지 않은 것이다. 따라서 이 사람의 실질화폐수요에는 아무런 변화가 없는 것이 된다.

투기적 화폐수요 역시 실질 잔고에 대한 수요임을 의미하는 것이다.

그런데 위에서 언급한 화폐공급은 명목가치에서 결정되어진다.

그러므로 $M^d = M^s$를 성립시키기 위해서는 명목화폐공급량 M^s를 실질 화폐공급량으로 전환시켜야 할 것이다.

이를 위해 명목화폐공급량을 물가 수준 P로 나누어 주게 되면 실질화폐공급량 M^s/P 가 되어, M^d와 M^s 모두 실질가치로 표현되어 졌으므로 다음 식이 성립하게 된다.

$$M^d = L_1(Y) + L_2(r) + M^s/P$$

또한 $L_1 = L(Y)$와 $L_2 = K(r)$ 함수는 아래 그림 2.10과 같다.

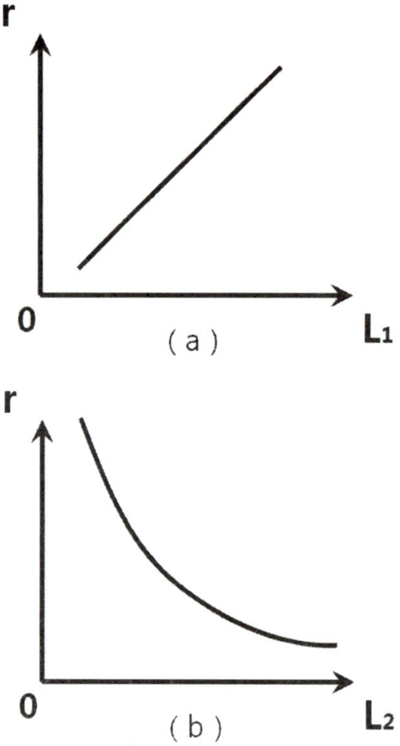

[그림 2.10] L_1 및 L_2 곡선

2.3.5 LM 곡선

화폐시장의 균형조건은 실질화폐공급량 M^s/P = 화폐수요 $L_1(Y) + L_2(r)$이다. 화폐시장에서 독립변수인 소득 Y의 값과 이자율 r의 값이 정해지면 종속변수인 L_1과 L_2의 값을 알 수 있다.

왜냐하면 $L_1 = L(Y)$이고 $L_2 = K(r)$이기 때문이다.

그림 2.11의 1사분면 2개의 조합점이 나타나있다. 하나는 소득이 Y_1이고 이자율이 r_1인 E_1점이고, 다른 하나는 소득이 Y_2고 이자율이 r_2인 E_2 점이다. 3사분면에는 45° 의 보조선이 그려져 있는데, 원점으로부터 수평 혹은 수직축의 보조선까지의 거리는 실질화폐공급량의 (M^s/P) 만큼 되게 그려졌다.

만약 초기의 물가 수준이 P이고 명목화폐공급량이 $M^s{}_1$이라면 초기의 실질 화폐공급량은 $M^s{}_1/P_1$이 될 것이다.

2사분면에는 $L_2 = K(r)$ 함수가, 그리고 4사분면에는 $L_1 = L(Y)$가 나타나있다.

이제 1사분면의 E_1점에 대해 살펴보기로 하자.

E_1점은 소득과 이자율의 조합 점으로서, 소득은 Y_1이고 이자율은 r_1이다. 화폐시장에서 독립변수인 소득 Y의 값을 알 수 있다면, $L_1 = L(Y)$라는 함수로부터 종속변수인 거래 적 및 예비적 화폐수요 L_1의 값을 알 수 있게 된다.

4사분면에는 $L_1 = L(Y)$ 함수가 그림으로 나타나 있다. 소득이 Y_1이라면, L_1의 값의 크기는 $Y_1 \sim a_{11}$ 혹은 $0 \sim a_{12}$가 된다. 이는 3사분면으로 수평 연장해가면 $a_{14} \sim a_{13}$과 동일하다. 또한 이 보조선이 45° 이므로 $a_{14} \sim a_{13}$의 크기는 $a_{15} \sim a_{14}$와 같다. 따라서 소득이 Y_1일 경우 L_1은 $a_{15} \sim a_{14}$가 된다.

이번에는 이자율이 r_1인 경우를 살펴보자.

독립변수인 이자율 r을 알 수 있다면 $L_2 = K(r)$이라는 함수로부터 L_2의 값을 알 수 있게 된다. 이자율이 r_1이라면, 2사분면에서 L_2의 값은 $r_1 \sim a_{17}$ 혹은 $0 \sim a_{14}$가 됨을 알 수 있다. 따라서 화폐시장에서 소득이 Y_1이라면 L_1은 $a_{15} \sim a_{14}$이며, 이자율이 r_1이라면 L_1은 $0 \sim a_{14}$가 된다. E_1점은 소득이 Y_1이고 이자율이 r_1인 조합 점이므로 이 점은 거래 적 및 예비적 화폐수요 L_1의 크기가 $a_{15} \sim a_{14}$이고 투기적 화폐수요 L_2의 크기가 $0 \sim a_{14}$가 된다.

그리고 45° 의 보조선은 원점으로부터 실질화폐공급량의 크기만큼, 수평과 수직의 거리에 해당하는 점을 연결한 직선이므로 $0 \sim a_{15}$ 혹은 $0 \sim a_{16}$의 크기는 실질화폐공급량 즉 M_s/P가 된다. 따라서 $a_{15} \sim a_{14}$는 소득이 Y_1일 때의 L_1의 양이고, $0 \sim a_{14}$는 이자율이 r_1일 때의 L_2의 양이므로 $0 \sim a_{15}$는 소득이 Y_1, 이자율이 r_1인 경우의 $L_1 + L_2$가 되며 $0 \sim a_{15}$는 실질화폐공급량 M_s/P이므로 $M_s/P = L_1 + L_2$가 되어 화폐시장을 균형에 있게 할 수 있다. 그러므로 1사분면의 소득과 이자율의 조합점이 Y_1, r_1이라면 $M_s/P = L_1 + L_2$의 조건을 충족시키므로 화폐시장이 균형에 있을 수 있음을 의미한다. 마찬가지로 1사분면의 E_2점은 소득이 Y_2이고, 이자율이 r_2인 조합이다. 만약 이자율이 r_2라면 $L_2 = g(r)$ 함수로부터 L_2의 값을 알 수 있는데 이는 2사분면에 나타나있다. 이자율이 r_2일 경우 L_2의 값은 $0 \sim b_{14}$이다. 소득이 Y_2라면 $L_2 = L(Y)$함수로부터 L_1의 값을 알 수 있는데, 4사분면에서 소득이 Y_2인 경우 L_1의 값은 $Y_2 \sim b_{11}$ 혹은 $0 \sim b_{12}$이다. 이 값은 3사분면으로 넘어오면 $b_{14} \sim b_{13}$과 동일한 크기이고 45° 보조선을 통해 수평축으로 전환하면 $b_{14} \sim a_{15}$와 같다. 따라서 이자율이 r_2인 경우 L_2의 값은 $0 \sim b_{14}$이고 소득이 Y_2인 경우 L_1의 값은 $b_{14} \sim a_{15}$가 되어, 조합 점 $E_2(Y_2,\ r_2)$는 $L_1(b_{14} \sim a_{15}) + L_2(0 \sim b_{14})$를 나타낸다. 그러므로 $L_1 + L_2$는 $0 \sim a_{15}$가 되며 이는 실질 화폐공급량과 같다. 따라서 화폐시장은 균형이다.

우리는 위에서와 같이 화폐시장을 균형에 있게 할 수 있는 이자율과 소득의 조합점인 E_1과 E_2점을 살펴보았는데, 이들 이외에도 화폐시장을 균형에 있게 할 수 있는 점은 무수히 존재한다. 이 같은 점들을 연결하면 LM 곡선을 얻을 수 있다. 그러므로 LM 곡선은 화폐사장을 균형에 있게 할 수 있는 이자율과 소득의 조합 점들을 연결한 궤적이라 할 수 있다.

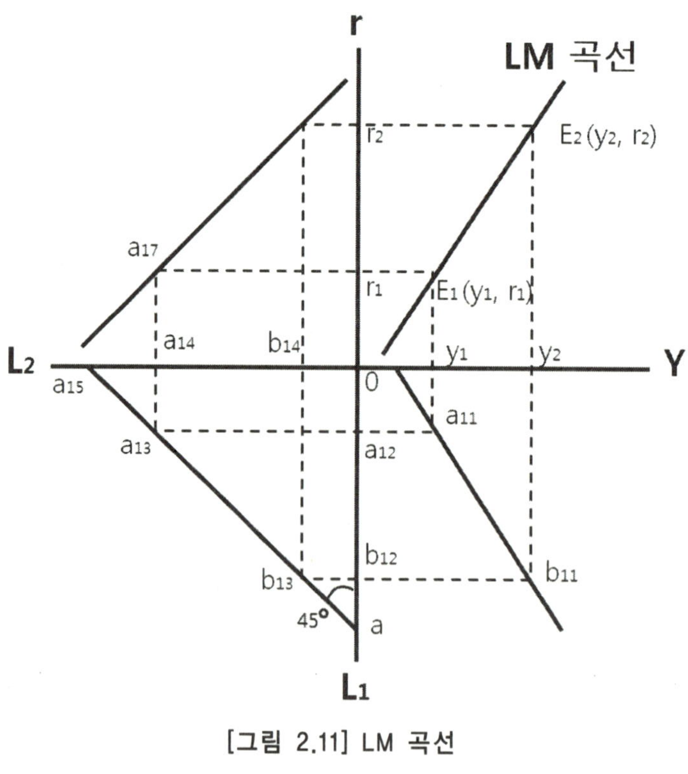

[그림 2.11] LM 곡선

2.4 수요측면의 균형

위에서 설명한 IS곡선과 LM곡선은 재화시장과 화폐시장을 균형에 있게 할 수 있는 이자율과 소득의 조합 점들의 궤적이다. 아래 그림 2.12는 수요측면의 균형을 설명하고 있다. LM곡선상의 A점은 금융시장은 균형이지만 재화시장은 균형이 아니다. 그러므로 수요측면에서 균형이 성립하지 않는다. 또한 재화시장의 균형을 나타내는 IS곡선상의 B점은 재화시장은 균형이지만 화폐시장은 균형이 아니므로 이 또한 수요측면의 균형을 가져올 수 없다. 따라서 수요측면이 균형 상태에 도달하기 위해서는 재화시장도 균형이고 화폐시장도 균형 상태에 있는 E점에 있어야 할 것이다.

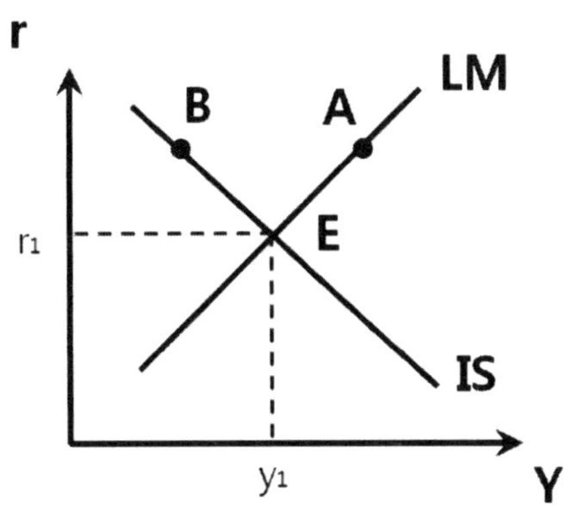

[그림 2.12] IS곡선과 LM곡선

2.5 총체적 수요곡선의 도출

국민경제는 수요측면과 공급측면으로 나뉘는데, 수요측면에 있는 여러 경제변수 중에서 물가 P와 소득 Y간의 함수관계를 유도하여 그림으로 표현하면 총체적 수요곡선이 되고, 공급측면에 있는 여러 경제변수 중에 수요측면과 동일한 물가 P와 소득 Y간의 함수관계를 그림으로 나타내면 총체적 공급곡선이 된다.

총체적 수요곡선을 도출하기 위하여 맨 처음 어떤 국민경제가 균형 상태에 있었다고 가정하자. 그리고 그 경제의 수요측면에서 물가 P가 변화할 경우 소득 Y가 어떻게 변화하는지를 추적하면 물가 P와 소득 Y간의 관계를 얻을 수 있고 그것이 바로 총체적 수요곡선이 된다.

먼저 초기의 균형상태의 경제변수에 모두 0라는 숫자를 부여하기로 하자. 초기 균형상태 하에서 물가는 P_0, 소득은 Y_0, 저축은 S_0, 조세는 T_0, 투자량은 I_0, 정부지출은 G_0, 명목화폐공급량은 MS_0 등이다.

그림 2.13의 (c)에서 초기 수요측면의 균형은 E_0점이다. E_0는 이자율과 소득으로 나타나있는 점이다. 그런데 그림 (b)를 살펴보면 초기 화폐시장의 균형 상태를 보여주고 있는데 이때 물가수준은 P_0임을 알 수 있다. 그러므로 초기의 균형 상태를 이자율 r과 소득 Y의 조합 점으로서 나타내면 그림 (c)의 E_0점이 되지만 이를 물가 P와 소득 Y로 나타내면 그림 (d)의 A점이 된다. 물론 그림 (c)와 그림 (d)의 Y_0는 동일한 크기이다. 물가를 인위적으로 변화시킬 수는 없지만 총체적 수요곡선의 도출을 위하여 물가 P와 P_0에서 P_1로 상승한다고 가정하자. 물가가 상승하면, 재화시장에는 물가 P라는 변수가 없으므로 아무런 변화가 발생하지 않는다. 그러나 금융시장에서는 물가 P가 있다. 따라서 물가가 P_0에서 P_1로 상승하면, 실질화폐공급량은 MS_0/P_0에서 MS_0/P_1로 작아지게 된다. 그러므로 보조선은 안쪽으로 수평이동하게 된다.

이에 따라 LM곡선은 LM_0에서 LM_1로 좌측이동하게 된다. 지금까지의 변화를 그림 (c)에 표현하면, 물가상승에도 재화시장에는 아무런 변화가 없으므로 초기의 IS곡선인 IS_0인 상태를 유지한다. 그러나 LM곡선은 물가상승 으로 인해 LM_0에서 LM_1로 좌측 이동하여 새로운 균형점 E_1에 도달하게 되어 새로운 균형점에서의 소득수준은 Y_1로 줄어들게 된다.

이를 그림 (d)를 통해 살펴보면, 초기 수요측면의 균형을 물가 P와 소득 Y로 나타내면, P_0, Y_0 즉, A점에 있었다. 그러나 물가가 P_1, 소득 Y_1인 새로운 균형점이 발생하게 된다. 만약 이 보다 물가가 더 상승 하게 되면 Y_1보다도 더 적은 소득수준이 발생하게 된다. 이 같은 조합 점들을 연결하면 점 AB를 잇는 우하향의총체적 수요곡선을 얻게 된다.

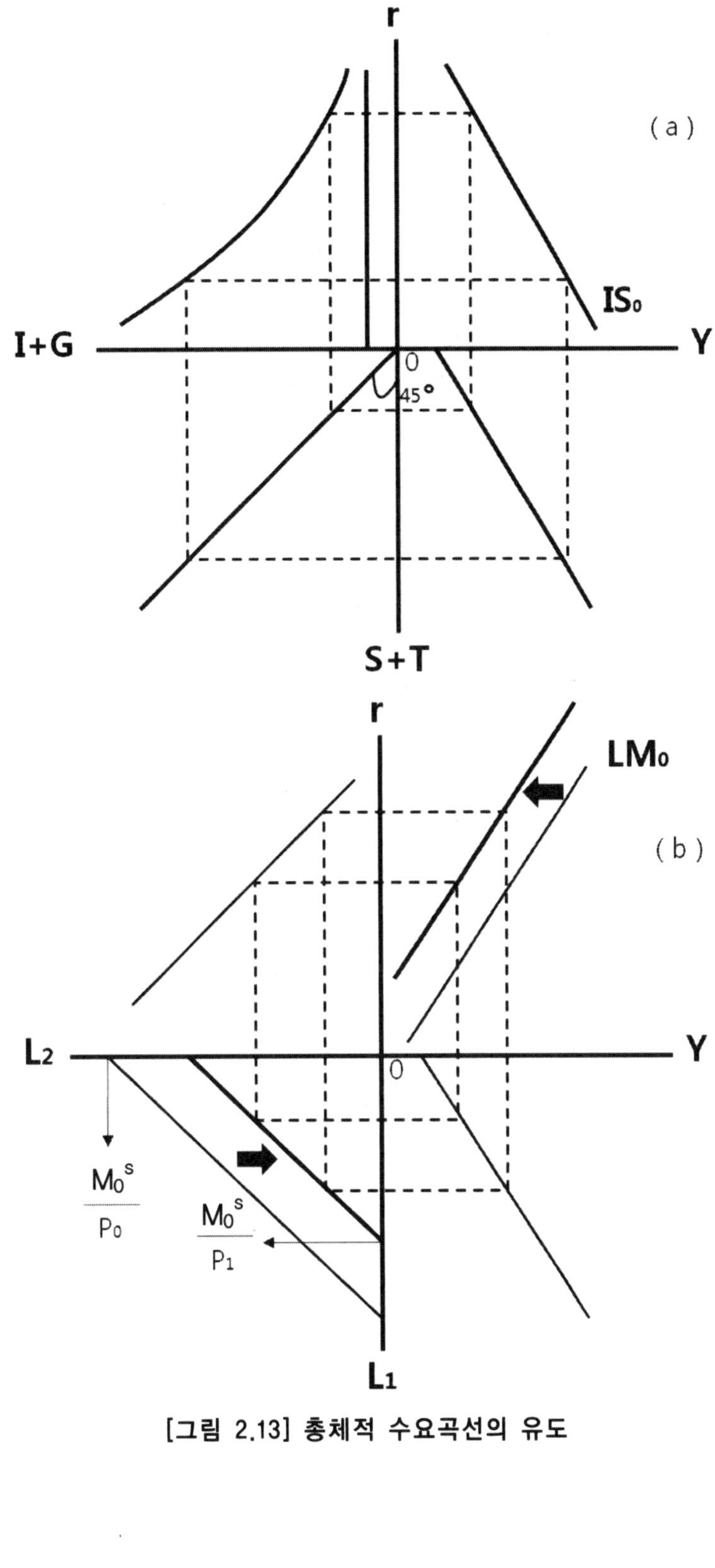

[그림 2.13] 총체적 수요곡선의 유도

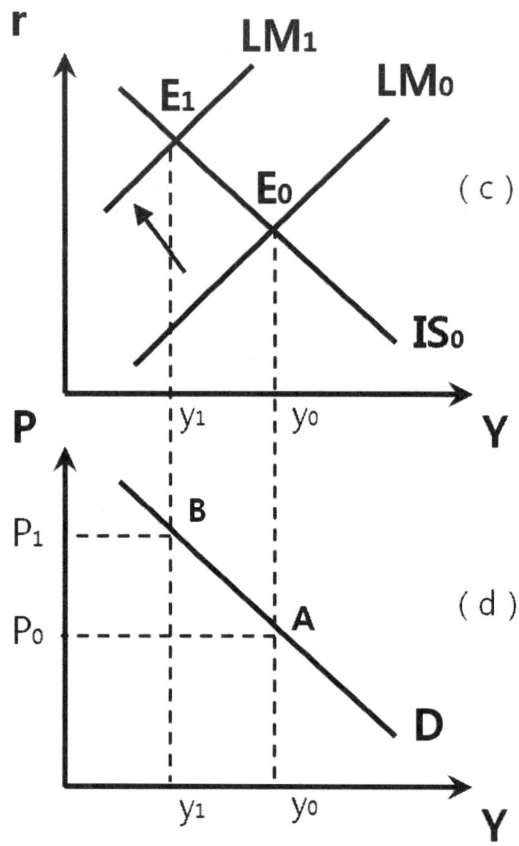

[그림 2.13] 총체적 수요곡선의 유도(계속)

제3장

공 급 측 면

제3장 공급측면

국민경제의 균형을 설명하기 위해서는 수요측면의 균형과 공급측면의 균형을 살펴보아야 한다. 수요측면은 재화시장과 화폐시장으로 나뉘었고 재화시장의 균형조건은 $S + T = I + G$였으며 화폐시장의 균형조건은 $M^s/P = L_1(Y) + L_2(r)$이었다. 이로부터 수요측면에서 하나의 균형점을 얻어낼 수 있었는데 IS곡선과 LM곡선의 교차점이 바로 그것 이었다.

이 장에서는 공급측면의 균형을 살펴볼 차례인데, 공급측면은 노동시장으로 이루어져 있다. 노동시장의 균형은 노동의 수요와 노동의 공급이 같으면 균형이 이루어지므로 노동에 대한 수요곡선이 어떻게 유도되어지는지, 그리고 노동공급곡선이 어떻게 얻어지는지를 살펴보기로 한다.

3.1 노동수요곡선

노동을 수요 하는 사람은 생산자 혹은 기업가이다. 이들은 합리적 경제행위를 하며 따라서 이윤을 극대화 하려한다. 그러므로 생산자들의 관심은 이윤을 극대화 시켜줄 수 있는 노동의 고용량에 있다.

3.1.1 단기 생산함수

재화 및 서비스를 생산하기 위해서는 생산요소가 필요하다. 생산된 재화 및 서비스를 Y라하고 대표적인 생산요소인 노동과 자본을 L, K라 하면, 생산함수는 다음과 같이 표현된다.

$$Y = F(L,\ K)$$

산출물 혹은 생산물 Y를 증가시키기 위해서는 생산요소인 L과 K를 증가시켜야만 한다. 노동이라는 생산요소는 언제든지 추가적 투입이 가능하므로 이를 가변생산요소(Variable input)라 한다. 이에 비해 자본이라는 생산요소는 일정기간 이내에는 추가적 투입이 불가능하다. 이 경우 자본 K는 고정되어 있는 것으로 보아야 하므로, 일정기간 이내에 추가적 투입이 불가능한 생산요소를 고정생산 요소(fixed input)라 부른다. 따라서 노동 L은 가변생산요소이나 자본 K는 일정기간 이내에는 고정생산요소이고, 이 기간을 경과하면 노동과 동일하게 추가적 투입이 가능하므로 가변생산요소가 된다. 그러므로 생산함수는 다음의 두 가지로 구분할 수 있다.

$$Y = F(L,\ \overline{K}) \quad \cdots\cdots \quad (3.1)$$

$$Y = F(L,\ K) \quad \cdots\cdots \quad (3.2)$$

식 3.1은 자본이라는 생산요소가 일정기간 이내에는 고정되어 있는 것으로 간주하여 $\overline{K}$로 표기할 때, 이를 단기생산 함수라 한다.

식 3.2는 자본 K마저도 일정기간이 경과하여 가변생산요소로 전환되어진 경우이며 이를 장기 생산함수라 한다.

그런데 우리의 관심은 단기 생산함수이다. 단기 생산함수는, 가변생산요소 L과 고정생산요소 $\overline{K}$의 투입 변화에 따른 산출물 Y와의 일대일의 기술적 대응관계를 말한다. 생산요소 투입량이 결정되면 종속변수인 산출물의 양의 크기가 결정된다. 그러나 단기에서 자본 K는 고정되어 있으므로 고정된 K의 값과 산출물 Y값과는 그리 중요한 의미를 갖지 못한다. 가변생산요소 L의 값이 변화할 때 산출물 혹은 생산물 Y의 값이 어떻게 변화하는지가 중요한 의미를 갖는다. 어떤 생산물을 생산하던 노동투입량 L의 변화에 따른 산출물 Y의 변화는 그림 3.1의 (a)에서와 같은 공통적인 형태를 보여 주고 있다. 그림 (a)의 단기 생산함수를 그림으로 나타낸 총생산물곡선은 노동투입량증가에 따라 총생산물은 증가한다. 그러나 노동투입이 L_a수준에 있을 때 $\Delta Y/\Delta L$의 값은 노동투입이 증가된 L_b수준에서는 더 작아진다. 그리고 L_c수준에서는 그 값이 0에 도달하게 된다. 그림 (a)의 a점에서의 dY/dL 혹은 $\Delta Y/\Delta L$의 값을 노동의 한계생산물(Marginal Product of Labor) MP_L이라 한다. 이해의 도움을 주기 위해서 다음과 같이 해석해도 무방할 것이다.

즉 dY/dL = 30인 경우, 이는 dY/dL = 30/1과 같다. d 혹은 Δ를 변화라는 의미로 해석하고, L을 노동투입량(1인), Y를 생산물의 양(1개)으로 해석한다면 dY/dL = 30/1은 한 사람을 더 추가 투입할 때 그 사람이 생산해낸 산출물의 양이 된다.

이 같은 의미로 해석해본다면 그림 (b)는 그림 (a)로부터 유도되어 질수 있다. 즉 그림(a)의 L_a수준에서의 dY/dL 혹은 $\Delta Y/\Delta L$의 값인 MP_L의 값은 그림 (b)에 그려 넣으면 a_1점이 되고, 그림 (a)의 b점은 그림 (b)의 b_1점이, 그리고 그림 (a)의 C점은 그림 (b)의 C_1점이 된다. 따라서 그림 (b)와 같이 노동의 한계생산물곡선은 노동투입량 증가에 따라 점차로 체감하는 곡선의 형태를 취하게 된다.

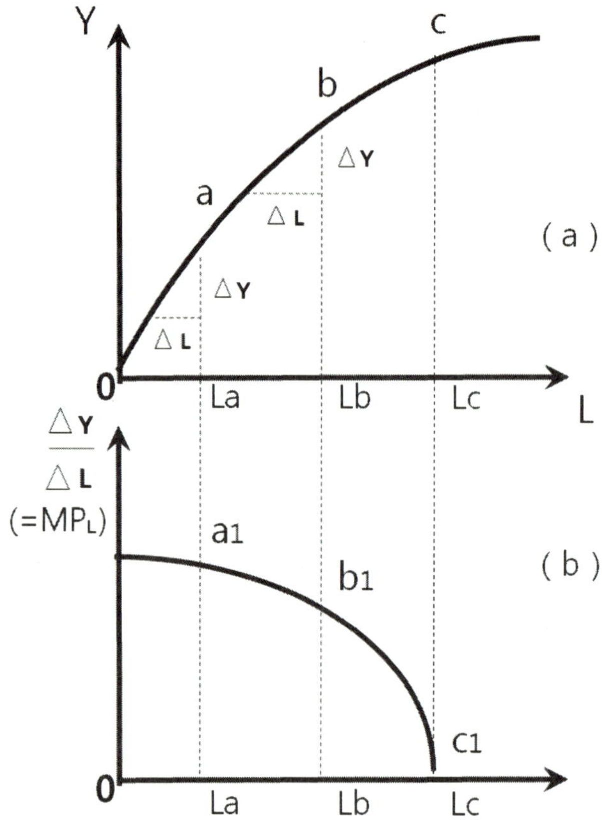

[그림 3.1] 단기 생산함수와 노동의 한계생산물곡선

3.1.2 노동 수요곡선

합리적인 생산자는 이윤을 극대화 하려하며, 이윤 극대화 조건은 한계수입 MR이 한계비용 MC와 같을 때 이다. 추가적으로 노동 한 단위를 더 고용할 때 기업에게 가져다주는 한계수입은 다음과 같다. 추가적으로 고용된 사람이 생산 활동에 투입되어 생산물을 얼마만큼 생산하는가 하는 것은 위에서 언급한 dY/dL 혹은 ΔY/ΔL 즉 노동의 한계생산물 MPL이다. 만약 MPL이 500개라고 하자. 이 기업은 추가적으로 고용된 사람이 생산해낸 생산물을 시장에 판매 할 것 이며 생산물의 가격을 P라 하고 개당 가격이 만원이라 하자. 이 기업은 추가로

1명을 더 고용할 때 이 기업에서 추가적으로 가져다주는 총 수입의 증가분인 한계수입 MR은

MP_L(500개) × P(1만원) = 500만원(= MR)이 된다.

한편 이 기업은 1명을 추가로 고용함에 따라 추가적으로 비용이 더 들게 되는데 이것이 한계비용이며, 이는 그에게 지급되는 화폐임금 W이다. 따라서 이윤극대화 조건은 다음과 같다.

$$MP_L \cdot P = W \quad (3.3)$$

그림 3.2의 (a)는 MP_L곡선에 생산물의 가격 혹은 물가[1]를 곱한 한계수입생산물 가치곡선이다. 우리는 쉽게 MR곡선이라고 해석하기로 하자. 이때 임금수준이 W_1이라 하면, 기업은 이윤극대화를 위해 MR = MC 조건을 추구할 것이다. $MP_L \cdot P$곡선의 수직선의 거리는 모든 노동고용수준에서 추가로 노동을 1단위 더 고용할 때 고용된 사람이 생산물을 만들게 되고 이를 시장에서 판매하여 그 기업에게 추가적으로 가져다주는 소득의 크기를 말한다. 그러므로 고용수준이 L_2인 경우, $MP_L \cdot P$(= MR)의 크기는 EL_2이다. 또한 추가적 고용에 따라 비용이 추가로 지출 되게 되는데 이것이 그에게 지급되는 화폐임금 W(= MC)이며 그 수직거리 또한 화폐임금이 W_1이므로 EL_2로 동일하다.

만약 L_2보다 낮은 공용수준인 L_1수준에서 살펴보면, $MP_L \cdot P$ 즉 고용 한 사람 증가에 따라 그 기업에게 가져다주는 추가적 수입은 $a_1 L_1$이고 추가적 비용은 $b_1 L_1$이다. a_1, b_1의 이윤이 발생하게 된다. 그러므로 이윤이 발생하는 한 고용은 증가 하게 된다. 또한 L_3수준에서는 MPL·P는 $a_2 L_3$이고 화폐임금은 $b_2 L_3$이므로 추가로 1인을 고용하면 $b_2 a_2$의 손실이 발생하므로 이 같은 경우에는 고용을 허락할 수 없게 된다. 결국 화폐임금이 W_1이라면, 고용이 L_2 이전까지는 지속적으로 MR > MC가 되어 이윤이 축적되게 되므로 고용을 증가시키게 되고

1) 생산물의 가격이 물가와 같다고 가정한다면,

L_2를 얻는 고용수준은 MR < MC가 되어 손실이 발생하게 된다. 결국 축적된 이윤이 극대화가 되는 고용수준은 L_2이며, 이때는 mr = mc가 된다.

그런데 화폐임금이 변화하게 되면 어떻게 될 것인가? 이에 대한 것이 그림 (b)에 나타나있다. 만약 임금이 W_1이라면 이윤극대화 조건을 충족시켜 주는 고용수준은 L_a가 되며, W_2의 임금수준이라면 L_b가, W_3의 수준에서는 L_c가 그리고 W_4의 임금이라면 L_d가 이윤극대화를 보장해주는 고용수준인 것이다.

그러므로 $MP_L \cdot P$ 곡선상의 모든 점 에서 $MP_L \cdot P = W$라는 이윤극대화 조건이 성립하게 되므로 이 곡선자체가 노동수요곡선이 되는 것이다.

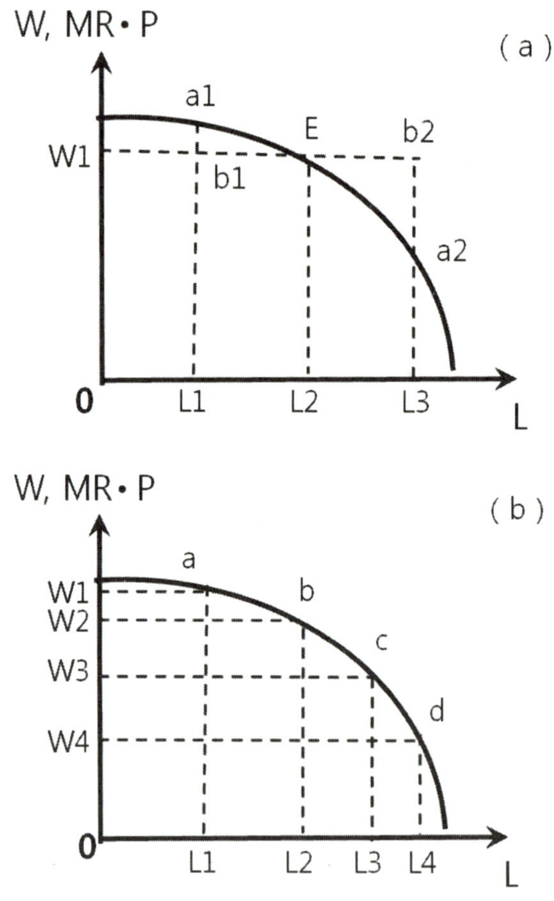

[그림 3.2] 이윤극대화와 노동수요곡선

결국 노동수요곡선은, $W = MP_L \cdot P$ 혹은 $MP_L = W/P$가 된다. 노동의 한계 생산물 즉 노동 증가에 따라 점차 그 값이 체감하는 MP_L을 f(L)이라 표현하면 노동수요곡선은 화폐 임금의 표현으로 $W = P \cdot f(L)$이 되고 실질임금으로 표현하면 $W/P = f(L)$이 된다.

3.1.3 노동공급 곡선

노동수요를 논함에 있어서 우리는 생산자 혹은 기업가의 가격 혹은 임금예상에 관해서는 어떠한 미시적 가정을 언급하지 않았다. 이는 기업가들이 부가된 특정한 가격과 지불되는 임금율에 관해 충분한 정보를 갖고 있거나 또는 그들이 통제할 수 있다고 가정했기 때문이다. 이와 같이 기업가들은 실질임금을 정확히 파악할 수 있는 위치에 있다. 그러나 노동의 공급자들은 알려진 임금소득을 소비자 물가지수와 같이 모든 생산물의 범위를 포괄하는 실질임금에 관한 노동공급자들의 정보는 기업가들보다 충분치 못하다. 따라서 실제물가수준 P와 물가수준에 대한 노동공급자들의 예상치 P^e를 연결시키는 명시적인 가정이 필요한 것이다.

노동자들에게 주어진 하루 24시간을 노동과 여가로 그 시간을 배분해야 한다고 하자. 여가는 아무 대가가 없지만 즐거움이 따르고 노동은 힘들지만 대가가 주어진다. 따라서 대가가 클수록 여가를 줄이고 노동공급을 증가시키는 성향을 보일 것이다. 노동공급자의 효율함수는 $U = U(y_e, S)$ 즉 실질예상소득 y_e와 여가 S사이의 무차별곡선으로 나타나게 된다. 또한 실질예상소득 $y_e = W/P^e \cdot (L)$ 혹은 $y^e = W^e \cdot (L)$, 여기서 L은 전체 총24시간 중 여가를 제외한 노동공급량 즉, 노동시간을 나타낸다.

그림 3.3의 (a)에는 주어진 24시간을 통해 각 시간당 임금률 조건하에서 노동공급자가 실질예상소득 ye와 여가 S사이에서 어떻게 효용극대화를 이루는지를 보여 주고 있다. 노동공급시간인 L1이 14시간, 그리고 F점은 실질예상소득 48만원을 나타낸다고 하자. 만약 어떤 노동공급자가 F점을 선택했다면, 그는 그에게 주어진 24시간 중 여가시간

은 0시간이고 노동공급시간은 24이며, 이에 따라 그의 실질예상소득 y^e는 48만원이 된다. 따라서 원점 0′ 와 F를 잇는 직선은 시간당 임금률을 의미한다. 이 경우 시간당 임금은 2만원이 된다. 만약 E_2점을 선택했다면, 그는 14시간을 노동하고 10시간을 여가로 보낸 것이며 이때 그가 받는 실질예상임금 y_1^e는 28만원이 된다. E_2점은 주어진 시간당 임금률 조건하에서 실질소득과 여가와의 무차별 곡선 U_2가 접하는 점임을 알 수 있다. 시간당 임금률이 높아질수록 균형점 E_3과 같이 노동공급시간이 증가하는 것을 알 수 있다. 그러나 지극히 높은 임금률 수준 하에서는 사람들은 여가에 대한 가치를 지극히 높게 평가하는 성향을 보여 노동공급시간이 오히려 줄어드는 것을 알 수 있다. 균형점 E_1, E_2, E_3, E_4를 이으면 하나의 곡선을 얻을 수 있다. 이 같은 곡선은 실질예상임금수준과 개별적 노동공급량간의 관계로 전환시킬 수 있고, 이것이 그림 (b)와 같은 개별 노동공급곡선이 된다.

실제 물가수준 P에 대한 물가의 예상 P^e를 좀 더 상세히 살펴보도록 하자.

we ≡ W/Pe이다. 그리고 이를 g(L)이라 하자. 그러면

$$we \equiv W/P^e = g(L) \text{이 된다.} \quad \cdots\cdots (3.4)$$

$$\text{혹은 } W = P^e \cdot g(L) \quad \cdots\cdots (3.5)$$

여기서 미래의 물가수준에 대한 노동공급자의 예상 P^e가 실제의 물가 P의 변화에 얼마나 신속하고 완전하게 적응하는가가 중요한 문제이다.

$W = P^e \cdot g(L)$에서 $g(L) = W/P^e$이고 실질임금 $w = W/P$이므로 $w = W/P^e \cdot \frac{P^e}{P}$이다. 그리고 식 3.4 즉, $we \equiv W/P^e = g(L)$이므로 $w = P^e/P \cdot g(L)$ 혹은 $W = P^e \cdot g(L)$이 된다.

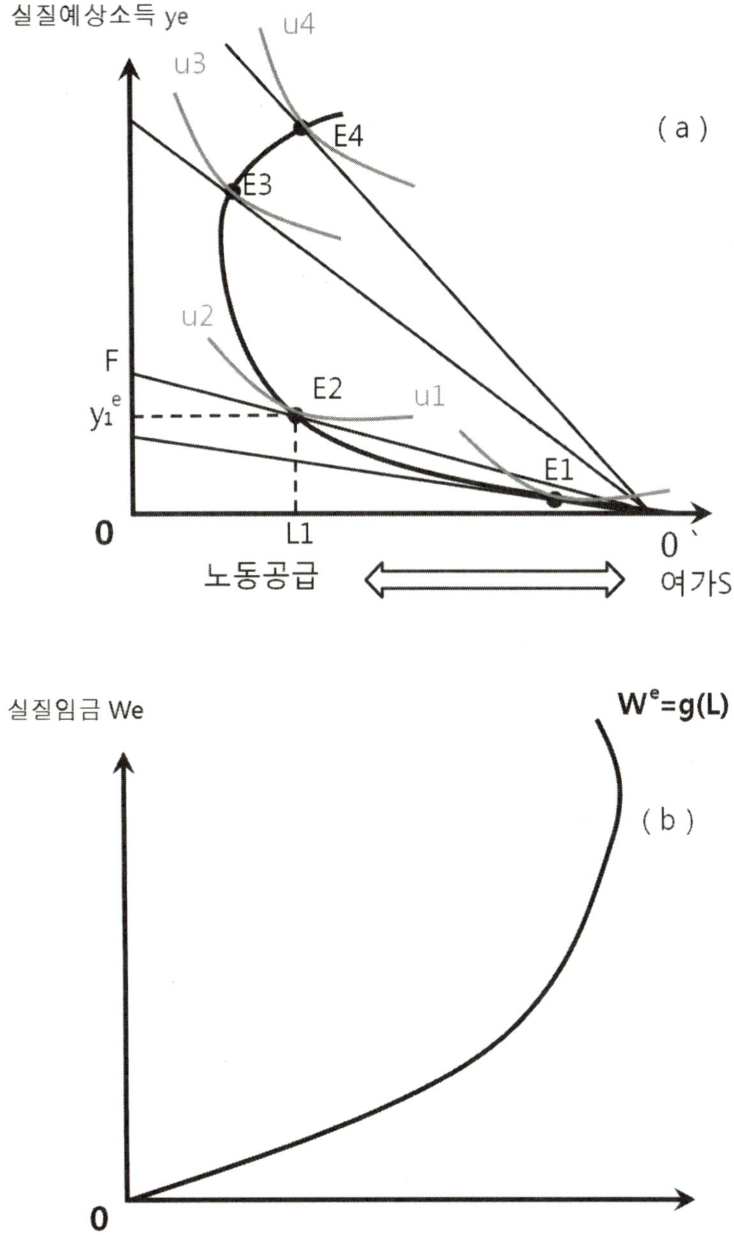
실질예상소득 ye
u4
u3
E4
(a)
E3
u2
F
E2
u1
y_1^e
E1
0
L1
0`
노동공급
여가S
실질임금 We
$W^e=g(L)$
(b)
0

[그림 3.3] 노동공급곡선

그림 3.4에는 위와 같은 노동공급곡선이 그려져 있다.

그림 3.4는 물가수준에 대한 예상을 고려한 노동 수요 함수이다. 그림(a)는 실질노동공급 함수이고, 그림 (b)는 명목노동공급 함수이다.

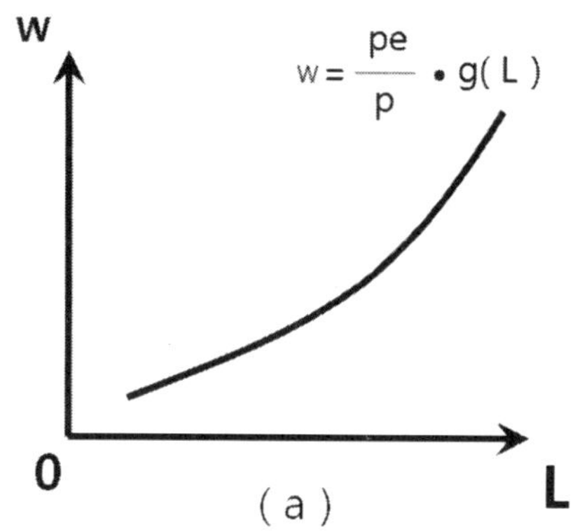

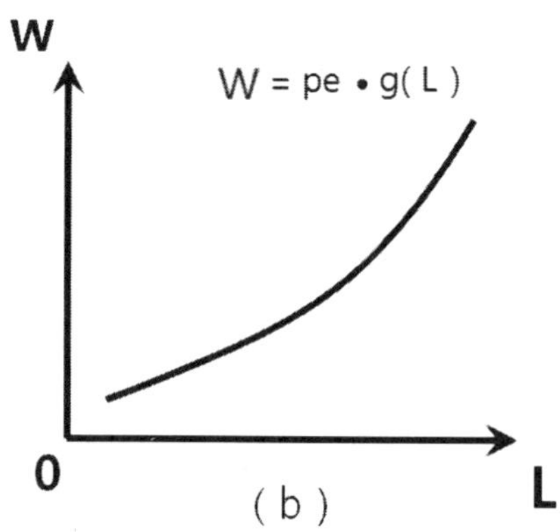

[그림 3.4] 노동공급곡선

3.1.4 노동시장의 균형

3.1.4.1 노동시장의 균형조건

노동시장의 균형조건은 아래와 같다.

노동수요 : $w = f(L)$

노동공급 : $w = P^e/P \cdot g(L)$

이로부터 $f(L) = P^e/P \cdot g(L)$ ··· (3.6)

또한

노동수요 : $W = P \cdot f(L)$

노동공급 : $W = P^e \cdot g(L)$

이로부터 $P \cdot f(L) = P^e \cdot g(L)$ ………………………………………… (3.7)

따라서 $f(L) = P^e/P \cdot g(L)$ 혹은 $P \cdot f(L) = P^e \cdot g(L)$이다.

그림 3.5는 노동시장의 균형을 나타내는 그림이다. 이에 대한 상세한 분석은 차후에 다루기로 한다.

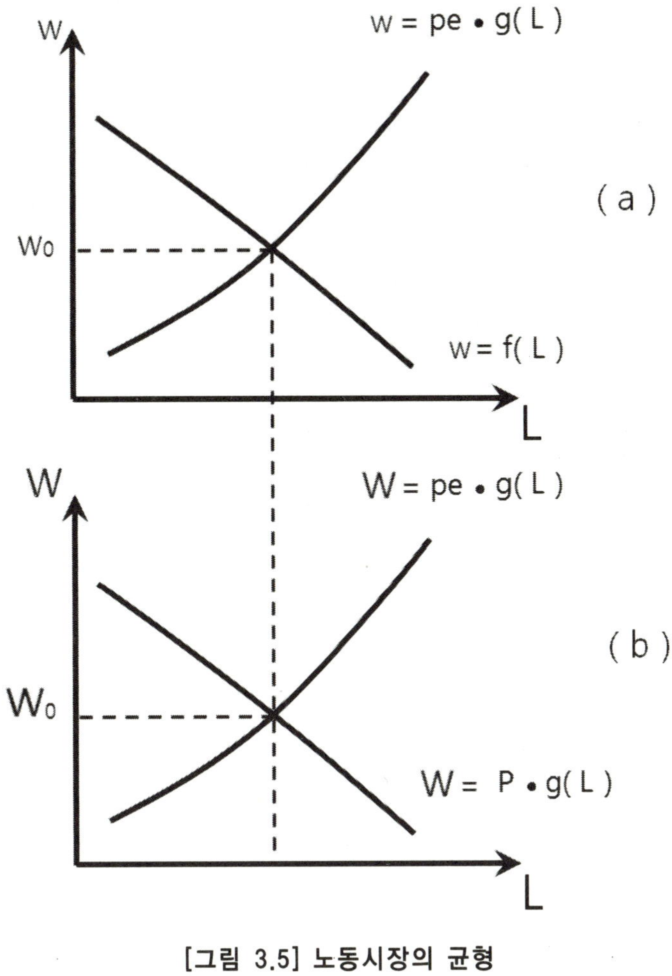

[그림 3.5] 노동시장의 균형

3.1.4.2 총체적 공급곡선

예상물가수준 P^e가 실제물가수준 P의 변화에 즉각적으로 정확하게 반응한다는 주장을 하는 것이 고전파이다. 이에 비해 극단적인 케인즈의 경우는 노동공급이 화폐임금의 함수로 보는 즉 실제물가수준 P에 대한 예상물가수준 P^e가 전혀 반응하지 못하는 경우이다. 또한 일반적 케인지안의 경우는 이 두 경우의 중간에 해당한다.

여기서는 일반적 케인지안의 경우를 예로 들기로 한다. 즉 Pe는 P에 대해 무디지만 다소간 반응하는 경우이다.

그림 3.5의 (b)를 이용하여 그림 3.6에서 설명하기로 한다.

초기에 공급측면이 균형에 있다고 가정하자. 초기 균형상태 하에서는 노동은 L_1, 화폐임금은 W1, 물가는 P_1, 소득은 Y_1 등이다. 초기의 균형 상태를 물가 P와 소득 Y의 조합 점으로 나타내면 그림 (c)의 E_1 점이다.

이때 물가가 P_2로 낮아지면 어떤 변화가 발생하는가? 물가가 P_2로 하락하면 그림(a)에서 노동수요는 $P_2 \cdot g(L)$로 변화하며 이는 실제 물가수준을 정확히 반영하여 하향 이동한다. 그러나 일반적인 케인지안의 경우이므로 노동수요와 같이 충분히 반영되지 못하므로 노동공급자들의 예상물가수준의 변화는 노동수요변화폭보다 적게 하향이동하게 되어 $P^e_2 \cdot g(L)$로 움직이게 된다. 그리하여 새로운 균형적 E_2에서의 균형 노동량은 L_2가 된다.

물가가 P_1에서 P_2로 낮아지게 됨에 따라 고용은 L_1에서 L_2로 작아지게 된다.

고용량 L_1은 그림 (b)의 단기 생산함수를 통해 소득 혹은 산출량수준으로 전환이 가능하며 소득수준은 Y_1을 낳게 된다. 소득수준으로 전환된다. 또한 L_1보다 적은 고용량 L_2는 Y_2의 소득에 따라서 그림 (c)에서 보듯이 물가가 P1에서 P_2로 낮아짐에 따라 공급측면의 균형은 E_1에서 E_2로 이동한다. E_1과 E_2점을 연결하면 우상향하는 총체적 공급곡선이 유도된다.

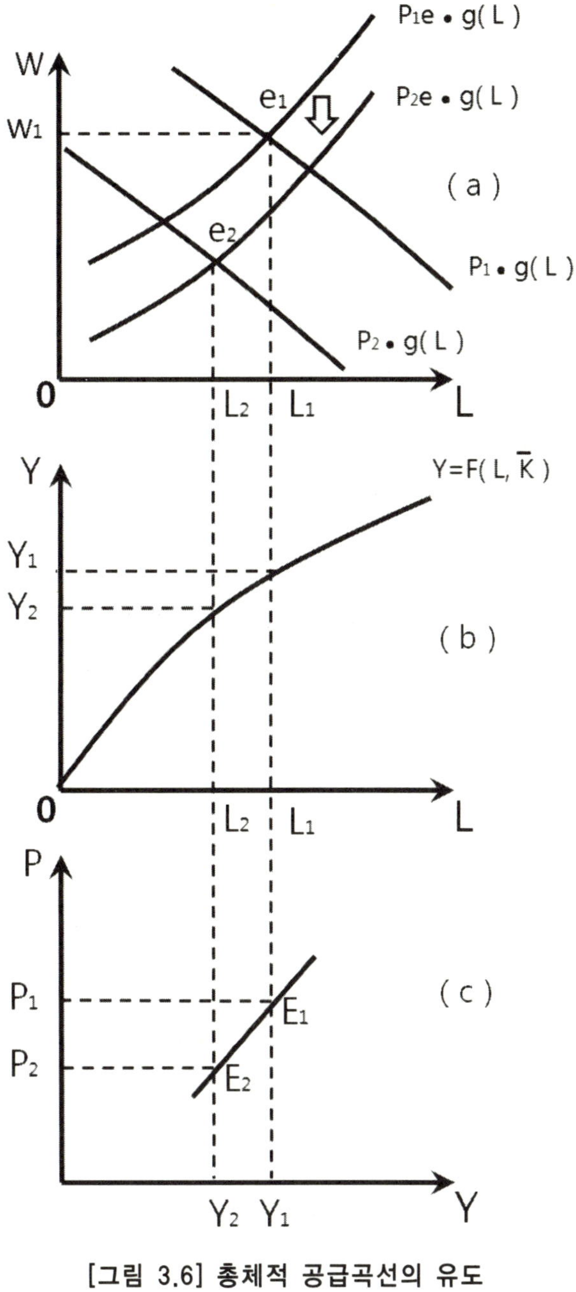

[그림 3.6] 총체적 공급곡선의 유도

제4장

고전학파 경제모형

제4장 고전학파 경제모형

1929년 세계대공황이 발생하면서부터 경제 문제는 오늘날의 거시경제학적 분석방법으로 접근하기 시작했다.

1929년 이전의 경제학을 고전학파라 부른다. 고전학파는 1776년 아담 스미스(Adam Smith)의 「국부론」(The Wealth of Nations)에 기초하고 있다.

보이지 않는 손(invisible hand) 즉, 모든 개인은 자신의 이익을 최대로 추구하고 자유로운 시장이 존재하여 국민 모두가 다 잘 살수 있다는 사상은 고전학파의 근간으로 작동하고 있다. 이장에서는, 1936년 케인즈의 「고용. 이자. 화폐에 관한 일반이론」(The General Theory of Employment, Interest rate and Money)이전의 미시적 분석방법이 주류를 이루고 있는 고전학파의 수요 및 공급측면에 대한 이론을 살펴보기로 한다.

4.1 고전학파

고전학파 경제학은 1936년 케인즈(Keynes)의 「고용. 이자. 화폐에 관한 일반이론」(The General Theory of Employment, Interest rate and Money) 이전에 존재했던 경제사상체계이다. 케인즈는 고전학파 경제학의 범위 속에 스미스((Adam Smith), 리카르도(David Ricardo), 밀(John Stuart Mill)뿐 아니라 리카르도의 추종자들도 포함시켰다. 또한 마샬(Alfred Marshall)과 피구(Arthus Cecil Pigou)도 고전학파에 포함시키고 있다.

고전학파 경제학자들은, 자본주의적 시장경제는 시장교란이 일어나 균형 상태를 벗어나도 곧 다시 균형 상태로 회귀할 것이라고 생각했다. 시장 메카니즘에 의해 신속하고도 효율적으로 완전고용상태로 복귀한다는 의미이다. 따라서 정부의 지나친 개입은 바람직하지 않다고 생각했다.

고전학파 경제학자들은 국가의 부를 결정짓는 요인으로서 실물을 강조하였고 그들은 주로 실물분석에 관심을 가졌다. 이는 경제성장이 생산요소의 축량(stock)의 증가와 생산기술의 진보에 달려있다고 보았기 때문이다. 화폐는 교환의 수단으로서 거래를 원활하게 해주는 역할을 수행할 뿐이라고 생각했다.

고전학파 경제학자들은 자유 시장 기구를 통하여 생산된 모든 재화에 대한 시장이 제공된다고 생각했다. 즉, 일정량의 생산은 그 생산량에 대한 충분한 수요를 창출시킨다는 것이며 결코 수요의 부족현상은 발생하지 않는 다는 믿음을 갖고 있다. 따라서 고전학파는 재화에 대한 총체적수요를 결정해 주는 요인과 총체적 수요를 규제하는 정책에 대해서는 아무 관심을 갖지를 않았다.

고전학파는 다음과 같은 특징을 갖는다.

① 산출량 및 고용량과 같은 실물변수를 결정짓는 요인으로 화폐적 요인이 아닌 실물 적 요인의 중요성을 강조하였다. 화폐는 단순한 교환의 매개 역할만을 할 뿐이다.

① 경제는 정부의 간섭이 없이도 자율조정적인 경향을 갖는다.

4.2 생산

고전학파 경제모델에서 가장 중요한 역할을 하는 것은 단기생산 함수이다. 일반적인 단기 생산함수에 관해서는 이미 앞에서 논한바가 있다. 고전학파의 단기 생산함수는 일반적인 단기 생산함수와 다음과 같은 약간의 차이점이 있다.

그림 4.1에서 보는 바와 같이 고전학파의 단기 생산함수는 일정한 고용수준 L_1에 도달 할 때 까지 $\Delta y/\Delta L$의 값은 일정불변이다. 그 이후 고용량의 추가투입이 발생하게 되면 $\Delta y/\Delta L$은 점점 체감한다. 일반적인 단기 생산함수에서는 고용량 L_1의 투입에 따라 노동의 한계생산물 MP_L 즉 $\Delta y/\Delta L$는 점점 체감했었으나, 고전학파의 경우에는 일정수준의 고용량 까지는 일정한 값을 갖는 $MP_L(\Delta y/\Delta L)$을 볼 수 있다. 따라서 이로부터 유도된 그림 (b)도 고용량 L_1까지는 노동의 한계생산물곡선이 일정한 모양으로 표현되어 있다.

4.3 노동의 수요와 노동의 공급

4.3.1 이윤극대화

모든 기업가 혹은 생산자들은 이윤을 극대화 하려한다. 이윤을 π라 하고 총수입을 TR(Total Revenue), 총비용을 TC(Total Cost) 그리고 생산량 혹은 판매량[2]을 y라 하면, $\pi = TR - TC$가 된다. 완전경쟁시장을 가정하자. 시장에서 1개당 100원의 가격으로 판매되는 상품이 있다면, 이 상품의 TR곡선은 아래 그림 4.2에서와 같이 원점에서 우

2) 생산된 재화 및 서비스가 모두 판매되어 진다는 가정을 한다면.

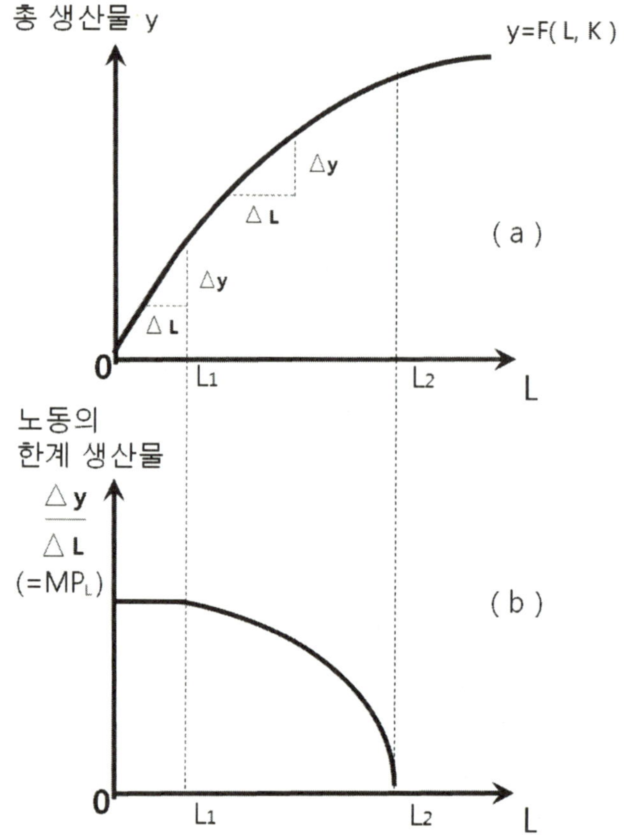

[그림 4.1] 단기 생산함수와 노동의 한계생산물 곡선

상향하는 직선이 될 것이다. 또한 TC곡선은 미시경제학에서 배운바와 같이 그림 4.2와 같은 모양으로 표현된다. 총수입곡선인 TR곡선상의 $b_1 \sim b_2$구간에 있어 $\Delta TR/\Delta y$은 한계수입 MR이고 구간 $b_1 \sim b_2$의 직선의 기울기 값이다. TR곡선은 직선이므로 이 곡선의 전 구간에 걸쳐 한계수입MR은 동일하다.

총비용곡선인 TC곡선상의 $a_1 \sim a_2$사이의 $\Delta TC/\Delta y$는 한계비용인 MC를 나타내며, a_1점과 a_2점을 연결하는 직선의 기울기 값을 말한다. 이 같은 어떤 구간에 있어서의 변화율의 값이 아닌, TC곡선상의 E_2와 같은 한 점에 있어서의 변화율인 dTC/dy(=한계비용MC)는 E_2점에서 그은 접선의 기울기 값을 의미한다. 생산량이 y_1 이전수준에서는 TC가 TR보다 크므로 손실이 발생하고 y_1에서는 TR = TC이며 y_1보다 큰 생산량수준에서는 TR이 TC보다 커 이윤이 발생한다. 이때 이윤이 극대화가 되는 생산량 수준을 살펴보면, TR곡선상의 E점에서 그은 접선의 기울기인 MR과 TC곡선상의 E_2점에서 그은 접선의 기울기 값인 MC의 값이 제일 큰 것을 알 수 있다. 즉 y_2의 생산량 수준에서는 어떤 생산량 수준보다 TR－TC 즉 이윤의 크기가 가장 큰 것을 알 수 있으며 이때에는 MR＝MC가 성립한다. 따라서 이윤 극대화조건은 한계수입 MR이 한계비용 MC와 같아야 한다.

$$MR = MC \quad \cdots\cdots (4.1)$$

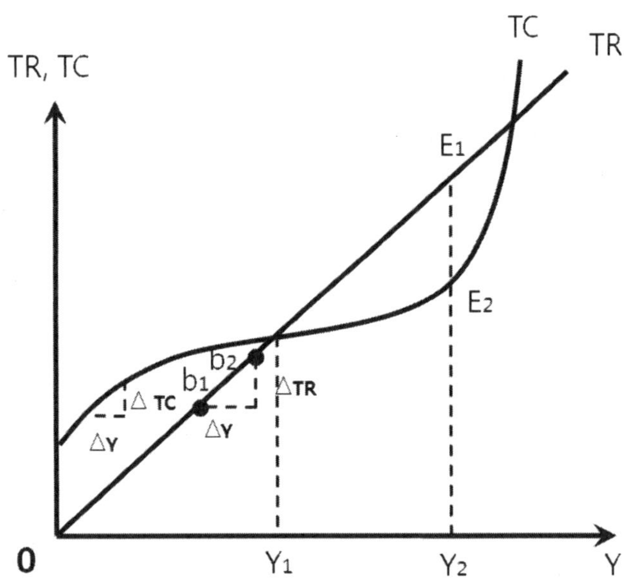

[그림 4.2] TR 및 TC 곡선

4.3.2 노동수요와 노동의 공급

앞에서 이미 살펴본바와 같이 노동을 수요 하는 사람들은 기업가 혹은 생산자이며 이들의 관심은 얼마만큼의 노동을 고용할 때 기업의 이윤이 극대화가 되겠는가 하는 것이다. 따라서 노동 1단위를 추가로 고용할 때 그 기업에게 가져다주는 추가적 수입인 한계수입 MR과 지출

되는 한계비용 MC가 일치하는 조건을 충족시키려한다.

이제 노동 1단위를 추가로 고용함에 따른 총수입의 증가분인 한계수입 MR과 노동 1단위를 추가로 고용할 때 지급되어져야만 하는 총비용의 증가분인 한계비용 MC를 설명해보자.

기업이 생산해 내는 상품의 개당 가격을 P라하고, 추가적 노동 1단위가 생산해 내는 산출물의 양을 MP_L 즉 노동의 한계생산물이라 한다면, 한계수입 $MR = MP_L \cdot P$가 된다. 또한 추가적 노동 1단위 고용에 따르는 비용지출인 한계비용은 그에게 지급되는 화폐임금 W이므로 한계비용 MC는 화폐임금 W이다. 따라서 이윤극대화 조건인 MR = MC를 충족시키기 위해서는 $MP_L \cdot P = W$가 되어야만 한다. 임금수준이 다양하게 변화하더라도 화폐임금 W가 $MP_L \cdot P$와 같아지는 것은 항시 $MP_L \cdot P$ 곡선 상에서 이루어지므로 이것이 노동수요곡선인 것이다. 우하향하는 노동의 한계생산물 MP_L을 f(L)로 표현하면, 노동수요곡선은 $W = P \cdot f(L)$로 표현되며 이 곡선의 형태는 그림 4.1의 (b)에 나타나있다.

그림 4.1 (a)는 고전학파의 총 생산물 곡선이다. 일정한 고용수준인 L_1 이전까지의 노동의 한계 생산물은 일정하다. 그리고 L_1수준을 넘어서게 되면 노동의 한계생산물인 MP_L은 점차로 작아진다. 그림 (a)로부터 고용량증가에 따른 MP_L의 값을 구해 MP_L곡선을 그림 (b)에 유도해 냈다. 다만 그림 (b)에는 노동의 한계생산물 MP_L에 그 기업이 생산해낸 산출물의 가격 P를 곱한 $MP_L \cdot P$의 값을 유도해냈다. 이 같은 노동의 한계생산물에 산출물의 가격 혹은 물가수준을 곱한 값을 노동의 한계수입생산물가치라고도 부른다.

그림 (b)에서 만약 화폐임금이 W_1이라고 하자. 그리고 고용이 L_1수준이라고 하자. 이때 노동 1단위를 추가로 고용했을 때 그가 생산해낸 산출물을 시장에 판매하게 되면 그 기업에게 추가적 수입을 가져다주는 한계수입 MR은 $MP_L \cdot P$이며 그 크기는 $a_1 L_1$이다. 그리고 고용 1단위를 추가로 고용할 때 이로 인해 지불되는 비용의 증가분인 한계비용 MC는 화폐임금이고 이때의 화폐임금은 W_1이다. 따라서 이윤 극대화를 위해 MR과 MC를 일치시켜 이윤 극대화를 추구할 때, MR은 $a_1 L_1$이고 MC는 W_1 즉 $b_1 L_1$이다. 그러므로 이윤 $a_1 b_1$이 발생한다. 이 같은 고용수준에서는 고용을 증대시키는 것이 이윤을 더 증가시킬 수 있을 것이다. 또한 고용수준이 L_3라면, 이때의 MR = $a_3 L_3$이고 MC = $b_3 a_3$이므로 $b_2 a_3$의 손실이 발생하므로 고용을 줄여야 한다. 따라서 초기의 고용수준에서 고용을 증가시켜 L_1수준에 이르러도 이윤이 발생하므로 전체 이윤을 증가시키기 위해서는 고용을 계속 증가시키게 되고 L_2의 고용수준에 다다르면 빗금 친 부분의 이윤면적이 극대화가 된다. E_1점 즉 L_2의 고용수준에서 이윤 극대화가 이루어진다. E_1점은 MC(= W_1) = MR($a_1 L_1$)가 성립됨을 알 수 있다. 만약 화폐임금수준이 W_2로 하락하면, MR = MC를 얻을 수 있는 점은 E_2점이다. 또한 화폐임금이 W_3로 상승하는 경우라면, 이윤극대화점은 E_3이 된다. 따라서 이윤극대화가 성립하는 조합 점들은 $MP_L \cdot P$곡선 상에서 이루어짐을 알 수 있다. 따라서 이 $MP_L \cdot P$곡선이 바로 노동수요곡선이며 $W = MP_L \cdot P$의 조건이 성립하는 점들의 궤적이다.

고전학파 경제학자들은 모든 사람들은 효용을 극대화 시키고자 노력한다고 가정하였다. 재화와 용역을 구입할 수 있게 해주는 것은 그 사람의 실질소득인데 물가가 상승하게 되면 실질소득이 감소할 수밖에 없다. 사람들이 그의 효용을 극대화 시킬 수 있는 실질소득과 여가와의 조합을 어떻게 선택하는가를 분석함에 의해 고전학파는 노동의 공급곡선을 유도하였다.

그림 4.3은 어떤 개인의 노동공급곡선을 유도하는 과정을 보여주고 있다. 그림 (a)의 수직축은 실질임금을 나타내고 수평축은 여가의 양을 나타낸다. 그런데 수평축의 오른쪽에서 왼쪽 방향은 노동의 공급량을 나타내고 왼쪽에서 오른쪽 방향이 여가의 양을 나타내고 있다. 수평축은 24시간을 나타내고 있다. 우리 모두에게 주어진 24시간 중 몇 시간을 노동에 투입하고 몇 시간을 여가로 할 것인지를 선택하는 것은 시간당 실질예상 임금률에 달려있다. 그림에서 직선 AO'는 시간당 실질예상 임금률이 2,000원 임을 나타내고 있다.

한편, 우리가 이미 살펴본 무차별곡선의 이론과 유사한 방법으로 실질임금과 여가에 대한 각 개인의 선택조합에 의하여 무차별곡선을 도출해낼 수 있다. 그림 (a)에서 무차별 곡선 U_A상의 모든 선택점들은 실질임금과 여가의 조합방법은 다르나 효용수준은 U_A로 동일하다 그리고 원점에서 멀리 있는 무차별곡선일수록 그 효용수준은 크다. 따라서 주어진 시간당 임금률 곡선이 AO'와 같다면 이 조건 하에서 효용을 극대화시킬 수 있는 선택점은 무차별곡선 UA와 시간당 임금률 곡

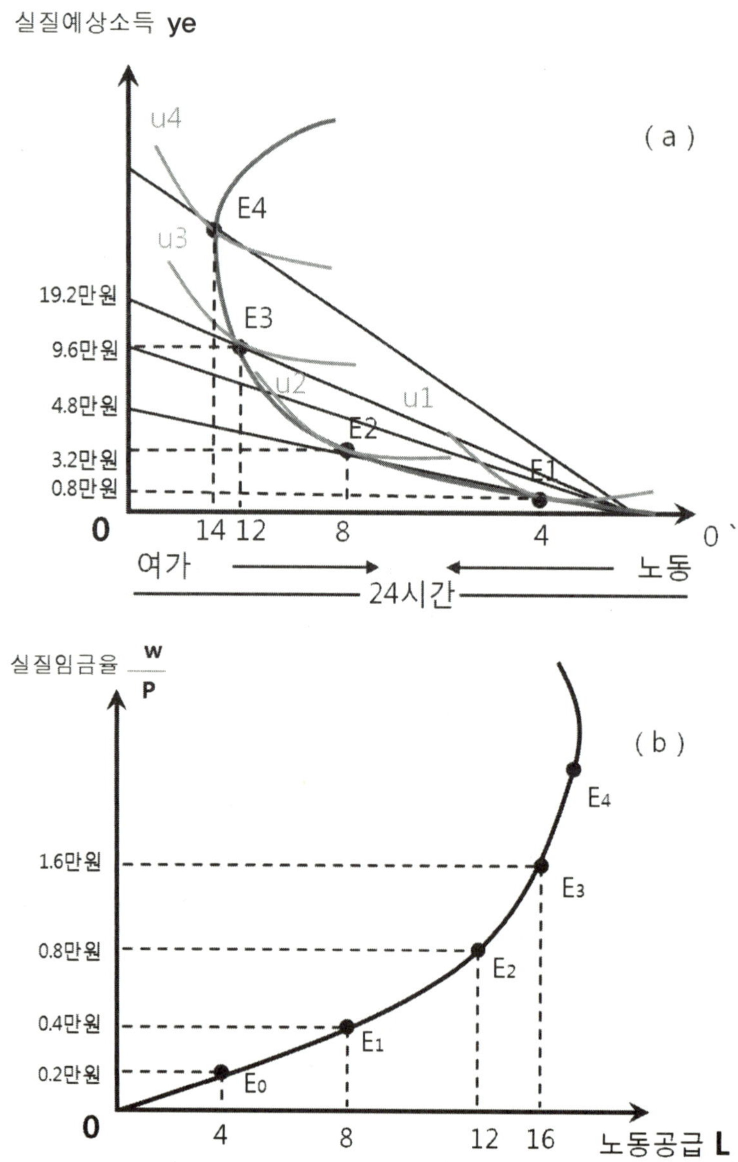

[그림 4.3] 개인의 노동공급곡선

선 O'A와의 접점인 E_0이다. E_0점은 시간당 임금률이 2,000원의 조건 하에서 효용을 극대화시킬 수 있는 노동공급시간은 4시간이며 이때의 실질소득은 8,000원임을 나타낸다. 물론 각 개인의 실질 예상임금과 여가사이의 무차별곡선의 형태에 따라 효용극대화점인 E_0는 변화될 수 있다.

그러나 분석의 편의를 위해 어떤 사람의 무차별 곡선의 형태가 U_A, U_B 및 U_c와 같다고 가정하자. 이때 만약 시간당 임금률 조건이 변화하여 그림(a)에서 O'B와 같다고 하면 이 노동자는 새로운 효용극대화점을 갖게 된다. 즉 O'B의 시간당 임금률 곡선과 무차별곡선 U_B가 접하는 E_1점이 새로운 효용극대화점이 되며 이때의 실질소득은 32,000원이 된다. 그림에서 보는 바와 같이 시간당 임금률이 상승함에 따라 노동공급량은 점차로 증가하여 효용극대화점도 E_0, E_1, E_2, E_3, E_4로 이동되는 것을 볼 수 있다. 그러나 시간당 임금률 수준 O'D보다도 더 높은 임금률 수준에서는 오히려 노동공급량이 줄어들게 된다. 이는 높은 실질소득수준 하에서는 실질임금보다는 여가 쪽에 더 많은 관심과 비중을 두기 때문이다. 이상과 같은 효용극대화점 E_0, E_1, E_2, E_3 및 E_4에 대하여 실질예상임금수준의 변화에 따른 노동공급량의 변화를 추적해보면 그림 (b)와 같은 결과를 얻어낼 수 있다. 이곡선이 개인의 노동공급곡선이다. 개인의 노동공급곡선들을 모두 합하면 노동의 시장공급곡선을 얻을 수 있는데 이와 같이 실질예상 임금률 수준에 따른 노동공급곡선 변화를 나타내는 총체적인 노동공급곡성을 실질예상임금의 형태로 표현하면 다음과 같이 쓸 수 있다.

$$L^s = g(L)$$

그리고 이를 명목임금의 형태로 나타내면

$$L^s = P^e \cdot g(L) \text{이다} \qquad \cdots\cdots (2.2)$$

식 4.2에 나타난 것과 같이 고전학파의 노동공급이론의 특징은 노동공급량이 실질임금에 따라 변화한다는 것이다. 이는 노동자들이 관심을 갖고 있는 것은 명목임금이 아닌 실질임금이며, 실질임금은 바로 재화 및 서비스를 구입할 수 있는 구매능력을 의미한다. 예로서 명목임금이 2배로 상승하더라도 모든 생산물의 가격이 명목임금상승률과 동일배로 오른다면 실질임금 즉, 구매력에는 아무런 변화가 없게 된다. 노동자도 재화 및 서비스를 구입. 소비함에 의해 효용을 얻게 되는데 명목임금의 변화나 물가의 변화에도 불구하고 그들이 구입할 수 있는 재화 및 서비스의 양이 일정 불변하다면 노동공급량에도 아무런 변화가 발생하지 않는다는 것이다.

물가 P에 대한 예상물가 P^e는 실제물가수준 P에 의존한다는 의미이다. 고전학파는 노동시장에 대해 노동의 수요자와 공급자 모두 완벽하고 충분한 정보를 갖고 있다고 가정했다. 초기의 물가수준 P_1이 100이라 하고 물가가 두 배로 상승하여 변화된 물가수준 P_2를 200이라 하자. 고전학파는 그들의 예상물가 P^e도 P_1^e에서 P_2^e로 정확히 2배 상승한다고 보았다. 결국 물가의 예상 P^e이 실제물가 변화를 정확히 인지하고 있으므로 예상물가도 실제물가 변화와 동일하게 반응한다는 가정이다. 즉 고전학파는 $\frac{dP^e}{dP}=1$이라고 본 것이다.

이것이 노동시장에 대한 고전학파의 기본 가정이다.

4.4 총체적 공급곡선

고전학파의 총체적 공급곡선에 대한 설명이 그림 4.4에 나타나있다. 분석의 편의를 위해 화폐임금으로 표현된 노동시장의 예를 들기로 한다. 먼저 노동시장의 초기 균형상태 하의 노동수요곡선을 $W = P_1 \cdot f(L)$이라 하고 노동공급곡선을 $W = P_1^e \cdot g(L)$이라 하자. 그림 (a)에서 만약 물가가 P_1에서 P_2로 상승하게 되면 어떤 변화가 발생할지를 살펴보자. 그림 (a)에서 노동시장의 초기균형점은 e_1점이다. 이는 그림 (c)의 E_1

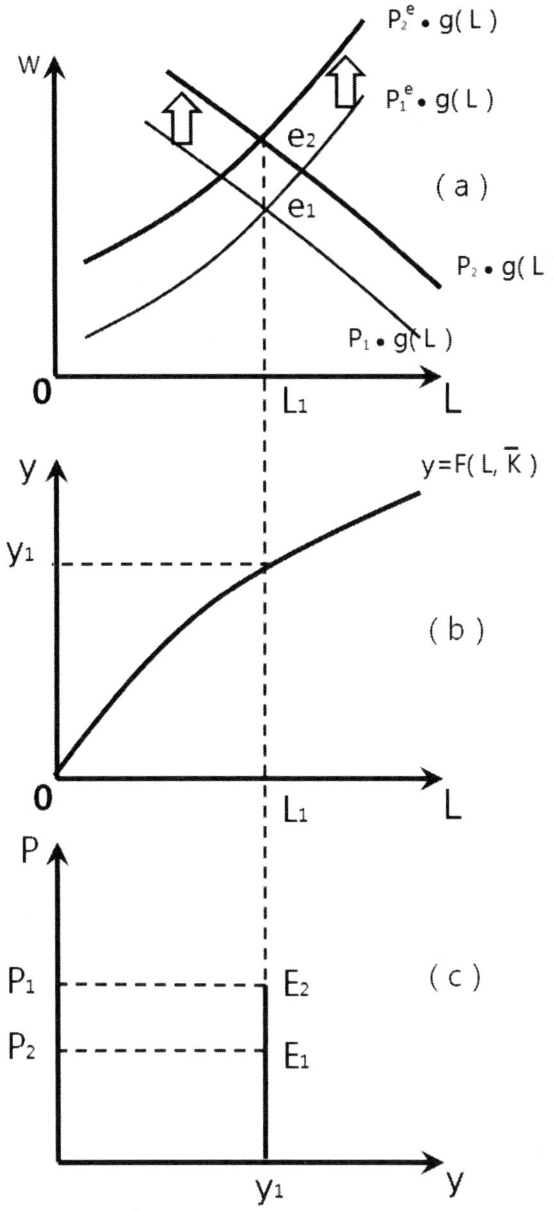

[그림 4.4] 고전학파의 총체적 공급곡선

점과 같다. 그림 (a)의 e_1점은 물가가 P_1이고 고용량이 L_1인 점이다.

고용량이 L_1이라는 것은 그림 (b)의 그 기업의 기술수준을 나타내는 단기 생산함수를 통해 살펴보면 생산량 y_1과 동일한 것이다. 그러므로 초기균형 상태를, 물가 P와 생산량 y라는 변수들의 조합점으로 표현하면 그림 (c)의 E_1점이 된다. 이때 물가가 P_1에서 P_2로 상승하면 노동수요자들은 실제물가 변화에 신속하고 정확하게 반응하게 되어 $P_2 \cdot g(L)$로 이동하게 된다. 고전학파 경제학자들은 노동공급자들도 실제물가 변화에 대한 예상물가수준 반응이 신속하고 완벽하게 반응한다고 생각하였으므로 노동수요자들의 반응과 다를 것이 없다. 따라서 노동공급은 $P_2^e \cdot g(L)$로 이동하게 된다. 새로운 노동시장은 e_2점에서 발생하게 된다. 고용량에는 아무런 변화가 없다. 따라서 단기생산 함수를 통한 생산량에도 아무런 변화가 없다. 그러므로 물가와 생산량으로 표현된 그림 (c)에서 새로운 균형점은 물가 P_2와 생산량 y_1을 나타내는 E_2점이 된다. 그러므로 총체적 공급곡선은 생산량 y_1수준에서 수직인 수직선이 된다.

4.5 화폐이론

4.5.1 화폐수량설

1) 교환방정식

고전학파의 화폐이론 출발점은 교환방정식으로서 경상가격으로 계산된 거래량이 화폐스톡에 화폐단위당 유통속도(velocity of money)를 곱한 것과 같다는 것이다. 여기서 유통속도란, 일정기간동안 화폐 모든 단위들이 거래에 사용된 횟수를 말한다.

이 이론은 미국의 피셔(Iving Fisher)에 의해 주장되어졌는데 다음과 같이 표현된다.

$$MV_T \equiv P_T \cdot T \quad \cdots\cdots (4.3)$$

여기서 M은 화폐량, V_T는 화폐의 유통속도 P_T는 거래상품들의 물가지수 그리고 T는 거래량을 나타낸다.

만약 M이 100이고, $P_T \cdot T$ 즉 경상가격으로 거래된 거래액이 1000이라면 $V_T \equiv 1000/\ 100 = 10$이 된다. 이와 같이 유통속도 V_T는 항시 사후적으로 정의되기 때문에 교환방정식은 항등식이다.

위의 식 4.3을 소득거래로 표현하면 다음과 같다.

$$MV \equiv Py \quad \cdots\cdots (4.4)$$

여기서 V는 화폐의 소득유통속도(income velocity of money)로서 화폐 한 단위가 일정기간동안 총소득(산출)을 위해 평균적으로 몇 번 사용되어 졌는가를 나타낸다. 그리고 y는 일정기간동안의 산출량수준이다. 여기서 V 또한 사후적으로 정의되기 때문에 소득거래로 표현한 교환방정식 역시 항등식이다.

화폐수량설 학자들은 교환방정식내에 있는 모든 변수의 균형 값은 물가 P만을 제외하고는 모두 외부에서 결정된다고 가정하였다. 따라서 교환방정식 자체는 물가수준 P를 결정시켜주는 역할을 한다.

피셔는 화폐의 유통속도 V는 그 사회의 지불관습이나 지불방법 등에 의해 결정된다고 했다.

예를 들어보자. 백화점에 상품을 납품하는 납품업자들은 일반적으로 상품납품과 동시에 그 대금을 지불받지 못한다. 어떤 경우에는 1개월 후에 지불받고, 어떤 경우에는 3개월 후에야 지불 받을 수 있다. 상품 납품 시 약속어음을 받고 약속기일에 현금으로 지불받는 지불방법이나 1개월 혹은 3개월 등의 지불관습 등은 쉽게 변화되지 않고 일정불변한 것으로 간주할 수 있다. 지불기일이 짧아질수록 유통속도는 빨라지지만 이 같은 관습은 그리 쉽게 변하지 않는다는 것이다.

만일 유통속도 V가 일정하게 미리 결정되어 있다면(V가 $MV \equiv Py$를 위해 사후적으로 결정되는 것이 아니라면) 다음과 같이 표현될 수 있다.

$$MV \equiv Py \quad \cdots\cdots (4.5)$$

산출량 y가 공급측면에 의해 결정되어지면 교환방정식은 이제 외상적으로 주어진 화폐스톡 M과 물가수준 P사이의 비례적 관계를 나타낸다.

$$\text{즉 } P \equiv V/y \cdot M \quad \cdots\cdots (4.6)$$

식 4.6은 P와 M 사이의 비례적 관계를 보여준다. 화폐량이 2배가 되면 물가도 2배로 되고 화폐량이 4배가 되면 물가도 4배로 상승함을 의미 한다.

2) 현금잔고 방정식

마샬(Alfred Marshall)과 피구(A. C. Pigou)로부터 출발한 케임브리지의 현금잔고 방정식은 개인이 어떤 방법으로 자신의 최적보유 화폐량을 결정하는가 하는 문제에 관심을 집중시켰다. 피구는 다음과 같이 주장했다.

단순한 화폐보유로부터는 아무런 수익을 가져올 수 없다. 화폐보유에 따른 편리함과 안정성이라는 이익이 생산적 활동에 화폐를 투자하지 않음으로써 발생하는 수익의 손실이나 소비재 구입을 위해 화폐를 사용치 않음으로써 발생한 만족의 손실보다 클 경우에만 화폐를 보유하게 된다. 그렇다면 화폐를 얼마만큼 보유하는 것이 최적일까? 마샬을 비롯한 케임브리지 학파들은 화폐의 수요가 소득과 부에 비례한다고 가정하였다.

케임브리지 방정식은 아래와 같다.

$$M_d = \kappa\ Py \quad \cdots\cdots (4.7)$$

화폐수요 Md 는 실질소득수준 y에 물가수준 P를 곱한 명목소득에 비례한다고 가정하였다. 균형 상태에서 외생적 화폐스톡은 화폐수요량과 같아야 한다.

즉, $M = Md = \kappa\ Py$ ······································ (4.8)

비례상수 κ는 단기에서 고정된 것으로 간주하고 실질산출량도 공급측면으로부터 결정된다고 가정하면, 케임브리지 방정식도 물가수준 P와 화폐스톡 M간의 비례적 함수관계를 나타낸다. 즉, 케임브리지 방정식의 결과도 교환방정식과 동일한 의미를 갖는다. 식 4.8은 아래 식 4.9와 같이 표현되므로 교환방식과 같은 의미이다.

$M \cdot 1/\kappa = Py$ ······································ (4.9)

4.5.2 고전학파의 총체적 수요곡선

고전학파의 화폐 수량설을 이용하면 고전학파의 총체적 수요곡선을 유도해 낼 수 있다. κ의 값이 0.5라고 가정하자. 그러면 유통속도는 2가 될 것이다. 그리고 화폐스톡 M이 200이라고 하자. 그러면 $MV = P \cdot y$에서 MV가 400이 되므로 $P \cdot y$가 400이 될 수 있는 조합점을 찾아낼 수가 있다. 이 같은 조합점들의 예로써 그림 4.5에 점 A, B, C로 나타나있다. 점 A는 y가 200이고 $P_1 = 2$이므로 $P \cdot y = 400$이 된다. 점 B는 $P = 4$, $y = 100$이므로 $P \cdot y$는 400이 된다. 그리고 점 C는 $P = 8$이고 $y = 50$이므로 $P \cdot y = 400$이 된다. 즉 $P \cdot y$가 400이 되는 조합점들이 점 A, B, C이다. 이 같은 점들을 연결하면 하나의 곡선을 얻는데 이것이 화폐스톡이 200일 때 물가 P와 소득 y의 조합 점들의 궤적이며 고전학파의 총체적 수요곡선이다.

이때 화폐스톡 M이 400으로 증가하면 $M \cdot V = 400 \times 2 = 800$이 된다. 그래서 $P \cdot y = 800$이 되는 무수한 조합 점들을 얻을 수 있게 되는데, 이것 또한 고전학파의 총체적 수요곡선이다. 고전학파의 총체적수요곡선은 화폐스톡 M이 증가할수록 우 상 방향으로 이동하게 된다. 즉 M = 200일 경우 총체적 수요곡선은 y_1^d(M = 200)이고 M = 400일 경우 총체적 수요곡선 y_2^d(M_2 = 400)이다. 그리고 M = 800일 경우 총체적수요곡선은 y_3^d(M_3 = 800)로서 M이 증가할수록 총체적 수요곡선은 우 상 방향으로 이동하게 되는 것을 알 수 있다.

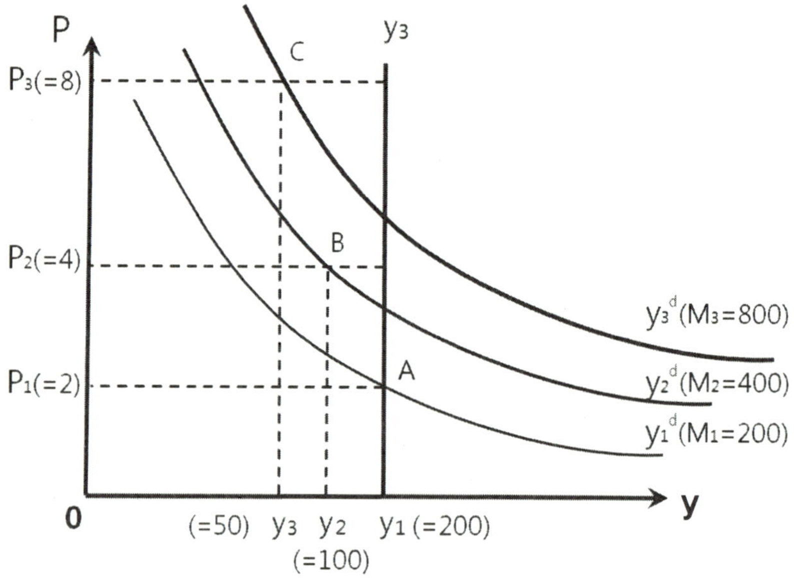

[그림 4.5] 고전학파의 총체적 수요곡선과 총체적 공급곡선

4.5.3 이자율 이론

현재의 소비를 C_0라 하고 미래의 소비를 C_1이라 하자. 모든 사람들은, 절대액수가 동일하다면 미래의 소비보다는 현재의 소비에 더 높은 가치를 부여한다. 즉 어떤 사람에게 현재 당신이 소비할 수 있는 현금 100만원과 현재는 소비할 수 없고 내년이 되어야 소비할 수 있는 100만원이 있다면 어떤 것을 선택하겠느냐 하고 질문을 하면 모든 사람이 현재의 100만원을 선택할 것이다. 그러나 현재의 100만원과 현재에 소비할 수 없지만 내년에 150만원을 소비할 수 있다면, 모든 사람들의 선택은 내년의 150만원을 선택할 것이다. 그 이유는 현재의 소비를 포

기하고 내년에 소비하면 현재의 소비를 포기한 대가인 50만원을 주기 때문이다. 현재의 소비 C_0를 포기한 대가를 이자라고 한다면 이자율이 높을수록 즉 포기한 대가가 클수록 미래의 소비를 선택하게 된다.

여기에서 미래의 소비 C_1이 저축(saving)이며, 고전학파는 저축의 양을 결정하는 독립변수로서 현재의 소비를 포기한 대가인 이자율 r을 가정하고 있다.

즉 $S = s(r)$이다.

한편 고전학파의 이론에 있어 균형이자율이란 대부자금시장에서 개개인이 빌려주고자 하는 자금의 양과 빌려 받고자하는 자금의 양이 똑같을 때의 자금대여율 즉 이자율을 의미한다. 고전학파의 대부자금 시장을 가정해보자. 차입은 미래 지불할 것을 약속한 표준채권[3]의 판매에 의해 이루어지고 대출은 이 같은 채권을 구입함에 의해 이루어진다고 가정하자 이자율은 채권을 소유함으로써 얻는 수익이 되고 반대편에서는 대부자금을 차입하는데 소요되는 차입비용인 것이다. 그리고 채권의 공급자는 투자자금을 조달하기위한 기업과 조세수입을 초과하여 정부지출을 수행해야하는 정부로 가정하자.

고전학파 체계에서 이자율의 결정을 보여주는 그림이 그림 4.6이다. 대부자금을 공급해주는 사람들은 저축자들이다. 이들은 현재의 소비를 포기한 대가인 이자율이 높을수록 더 많은 대부자금을 공급하려한다. 그러나 대부자금을 차입하려는 기업과 정부는 차입비용인 이자율이 높을수록 차입을 적게 하려하고 이자율이 낮을수록 많이 차입하려한다. 그래서 i 혹은 $i + (g - t)$곡선은 우하향의 형태를 취한다. 그림에서 균형이자율 r_0는 대부자금의 수요와 공급이 일치하는 점에서 이루어진다.

3) 원금은 상환하지 않고 영구히 이자만을 지급하는 채권, 과거영국에서 이와 같은 형태인 consol이라는 채권이 있었다.

4.6 재정정책과 금융정책

1) 재정정책

재정정책은 재화시장의 경제변수에 충격을 주어 국가가 목표로 하는 방향으로 경제를 이끄는 정책을 말한다. 재화시장의 경제변수 중 소비, 저축 그리고 투자 등은 이의 주체가 가계 혹은 기업이므로 정부가 의도하고자 하는 정확한 정책적 효과를 얻기가 힘들다.

경기를 활성화시키기 위해서 저축을 줄이거나 투자를 증가 시켜야 한다고 하자. 그리고 그 총량이 10조원이라고 하자. 저축을 10조원 줄이기 위해서는 국민들을 통해서 이를 실현시켜야 하는데 정부가 직접 시행하는 것이 아닌 국민들을 통해서 그 결과가 나오게 되므로 그 효과를 정확하게 예측할 수 없다.

기업의 투자 또한 마찬가지로 투자는 기업이 주체가 되어 행하게 되므로 이에 대한 효과 또한 확실치 않다. 따라서 재정정책의 효과를 정확히 하기 위해서는 조세나 정부지출이라는 변수를 통해 시행하게 된다.

그러나 조세 역시 다소간의 정치적 과정을 거치게 되는 어려움이 있어 대부분의 국가에서는 정부지출을 재정정책에서 가장 많이 사용하고 있다.

(1) 정부지출

공채의 매각을 통해 정부지출을 증대시키면 어떤 변화가 발생하는가? 정부지출이 있기 전 정부는 균형예산 즉 $t = g$의 상태였다고 가정하자. 이때 대부자금의 수요가 Δg만큼 발생하면 대부자금의 수요는 i 곡선에서 대부자금의 새로운 수요인 Δg 만큼 우측이동하게 되어 $i + \Delta g$ 곡선으로 이동하게 된다.

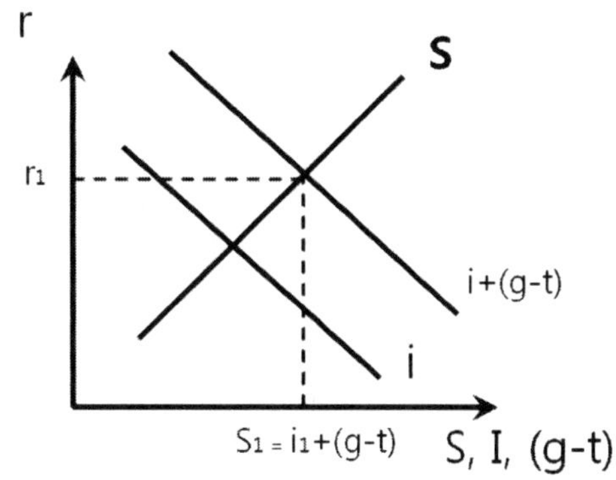

[그림 4.6] 고전학파의 대부자금시장

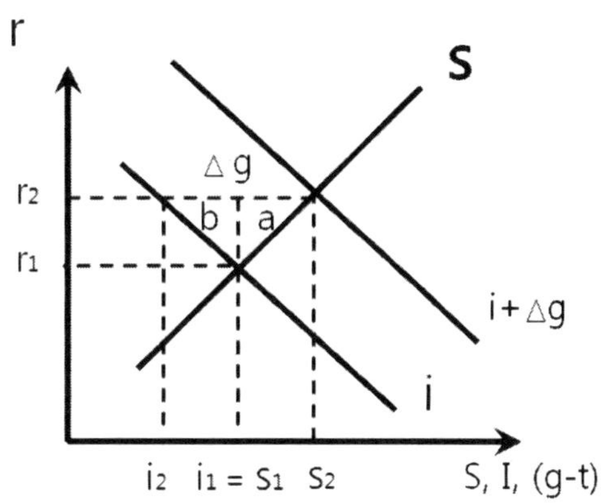

[그림 4.7] 정부지출

이로 인해 원래의 이자율 r_1수준 하에서 대부자금의 초과수요가 발생하게 되고 이자율은 상승하게 된다. 이자율이 r_1에서 r_2로의 상승은 두 가지 효과를 갖는다. 첫째, 이자율 상승에 따라 저축은 s_1에서 s_2로 증가하게 된다. 둘째, 이자율 상승에 따라 기존의 기업에 의한 투자는 i_1에서 i_2로 감소하게 된다. 그림에서, 저축감소분은 a이고 투자 감소분은 b가 된다. 저축감소분 즉 소비증가분 a와 투자 증가분 b를 합하면 정부지출 증가분 Δg와 같다.

(2) 조세

조세변화를 통한 수요측면의 정책효과는 정부지출변화와 유사한 결과를 가져온다. 예로, 정액세(lump sum tax)일 경우, 조세의 감축은 가계의 가처분 소득을 증대시켜 소비를 늘리게 된다. 그러나 조세의 감축으로 정부재정이 열악해지고 이를 충당하기 위해 대부자금 시장에 공채를 매각한다면 정부지출의 경우와 동일한 결과를 가져오게 된다.

그러나 조세감축이 정액감축(lump-sum cut)일 경우에는 위에서와 같이 수요측면의 효과로 나타나게 되지만, 조세감축이 소득세율의 변화를 통해 이루어진다면 공급측면에 그 영향을 미치게 된다.

만약 한계소득세율(marginal income tax rate)이 30%에서 20%로 감소되었다고 하자. 그러면 이제는 추가소득 1단위당 30%가 아닌 20%만을 조세로 지급하면 된다. 고전학파에서는 이것의 변화는 노동공급을 자극하는 효과가 있다. 그리하여 산출량 혹은 생산량에 영향을 미치게 된다. 그림 4.8은 이 같은 경우를 보여주고 있다.

조세율이 감소하면 실질임금 수준 하에서 노동의 공급이 증대하고 노동공급곡선을 그림 (a)의 L_1^s에서 L_2^s로 이동 시킨다. 즉 조세감면에 의해 실질임금이 상승하게 되는 결과를 가져오므로 노동공급이 증대하게 되는 것이다. 고용이 L_1에서 L_2로의 증대는 단기생산 함수를 통해 실질소득 y_1에서 y_2의 증대로 전환된다. 따라서 그림 (c)에서와 같이 새로운 완전고용수준의 소득수준인 y_2수준 하에서 수직인 새로운 총체적 공급곡선이 형성 되어 기존의 총체적 수요곡선과 교차하는 새로운 균형점 E_2를 갖게 된다. 그리하여 물가가 P_2로 하락하는 결과를 가져온다.

4.7 고전학파와 경직된 화폐임금

고전학파는 화폐임금이 완전 신축적이라는 가정 하에서 노동시장이 항시 완전고용에 도달할 수 있었다. 고전학파 또한 임금이 어느 정도는 하향 경직적일 것이라는 인식을 하고 있었다. 조직화된 노동조합을 인식하고 있었던 것이다. 그리고 최저임금제 등의 정부정책으로 인해 화폐임금이 하향 경직적일 수 있다는 것도 인식하고 있었다.

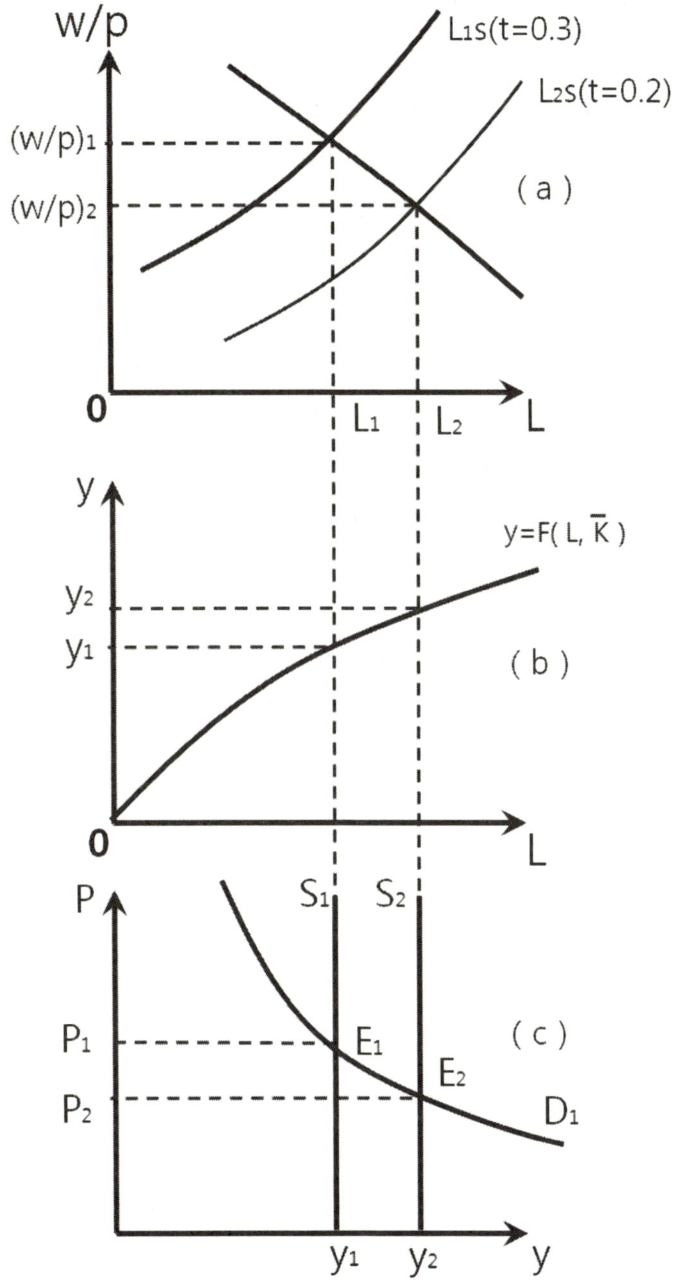

[그림 4.8] 한계소득세율 변화와 노동시장

이와 같이 화폐임금이 하향경직성을 띄고 있을 때 고전학파의 노동시장은 어떠한가? 이에 대한 설명이 그림 4.9에 표현되어 있다.

노동조합이 없기 전에는 물가수준이 P_1이었을 때 노동 수요곡선은 $P_1 \cdot f(L)$이었고, 노동공급곡선은 $P_1^e \cdot g(L)$이였다. 그리고 균형고용량은 L_1이고 화폐임금은 W_1이다. 그런데 노동조합이 생겼고 노동조합에서 $\overline{W}$의 화폐임금수준을 강력히 추진하는 경우라면, 고용수준은 전혀 다른 결과를 가져온다.

$\overline{W}$수준에서 노동수요는 L_1^d이고 노동공급은 L_1^s이다. 그러나 실제로 고용되는 것은 고용주가 결정권이 있으므로 W수준 하에서의 노동수요곡선과 교차하는 L_1^d가 될 것이다. 그러므로 일을 하고 싶어도 고용기회를 갖지 못하는 $L_1^s - L_1^d$만큼의 실업자가 추가로 발생하는 결과를 가져온다.

이 경우 노동시장의 균형점은 A이다. 물가수준은 P_1이고 고용량은 L_1^d이다.

고용량 L_1^d는 단기생산 함수를 통해 소득으로 전환시키면 y_1^d가 된다. 따라서 그림 (c)에서 공급측면의 초기의 균형 상태를 살펴보면 물가 P_1과 소득 y_1^d인 E_1점을 의미한다.

이때 물가가 P_2로 상승했다고 하자. 물론 그림 (a)에서 보듯이 물가수준 상승에 따른 노동수요공급곡선의 이동이 균형점 B를 갖게 하여 노동조합의 화폐임금수준인 $\overline{W}$와 동일한 화폐임금수준으로 균형점이 이동하게끔 하였다.

결과적으로는 물가의 상승으로 노동수요는 $P_2 \cdot f(L)$으로 노동공급은 $P_1^e \cdot g(L)$로 이동하였다. 고전학파의 가정대로 노동공급도 신속하고 정확하게 실질임금변화를 반영하였으므로 새로운 균형점 B는 처음의 균형점과 동일한 고용수준인 L_1의 수준에서 이루어 졌다.

새로운 균형점 B는 물가는 P_2이고 고용량은 L_1이다. 고용량은 L_1수준은 그림 (b)의 단기 생산함수를 통하면 소득 y_1수준과 연결된다. 따라서 새로운 균형점에서 물가와 소득과의 조합은 P_2, y_1로 이루어지는데, 이는 그림 (c)의 E_2점에 해당된다. 만약 이 상태 하에서 물가가 더 상승하더라도 고용량 L_1수준에서 변화가 없을 것이므로 그림 (c)에서 물가와 소득의 조합 점으로 살펴보면, 물가 P_2 이상의 수준에서는 소득이 y_1에서 고정이 되므로 E_2점에서부터는 수직선으로 나타난다.

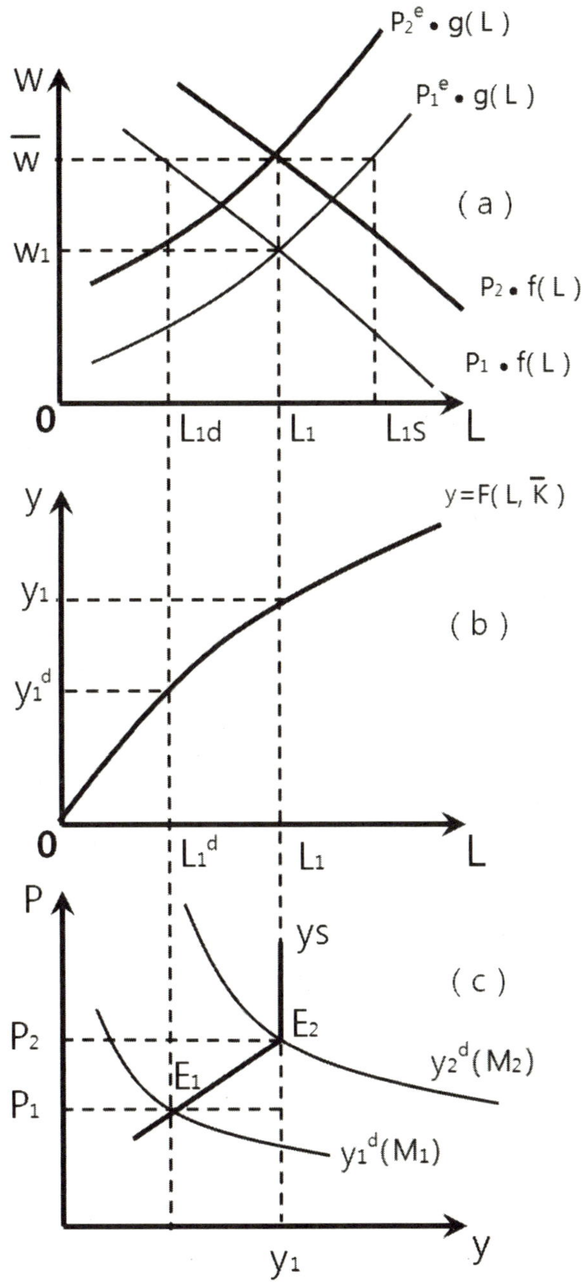

[그림 4.9] 화폐임금의 하향 경직성

따라서 고전학파에서 화폐임금의 하향 경직성이 발생하면 우상향하는 총체적 공급곡선이 발생하게 되는 것이다.

만약 경제가 초기에 M_1의 화폐스톡 하에서 Y_1^d의 총체적 수요곡선이 형성됐고 물가가 P_2로 상승할 때 화폐스톡이 M_2로 되어 Y_2^d와 같은 총체적수요곡선이 존재한다면 국민경제의 균형은 E_1점과 E_2점에서 발생하게 된다.

제5장

케인지안의 경제모형 I

제5장 케인지안의 경제모형 I

케인지안 경제학은 1929년부터 시작된 세계대공황을 배경으로 모든 사람들의 집중적인 관심을 받아 왔다. 빈곤의 악순환으로 얼룩졌던 이 시대는 아주 오랜 경기 침체가 계속되었다. 따라서 실업은 모든 국가들에게서 가장 중요한 문제로 대두되었다. 경제학자들과 정책입안자들은 실업의 원인과 실업에 대처하기 위한 최상의 정책은 무엇인가에 대해 가장 큰 관심을 갖게 되었다.

여기에서 케인즈는 그의 혁명적인 거시경제 이론을 발전시키게 된다. 그는 영국과 미국에 있어 높은 실업률의 원인은 유효수요의 부족에서 온 결과라고 했다. 그 당시 고전학파경제학자들은 실업의 원인에 대해 명쾌한 설명하지 못했다. 고전학파체계에 있어서는 실업을 화폐임금의 하향경직성에 따른 결과라고 보았다. 따라서 실업을 해소하기위한 방안으로서 화폐임금의 하락을 제안하였다. 그러나 미국의 경우 화폐임금이 1929년과 1933년 사이 1/3이나 하락하였으나 실업은 계속 증가 되었다.

5.1 케인즈의 단순경제 모형

1930년대 초 고전학파의 체계로는 세계대공황이라는 현상이 설명되지도 않았고 특별한 구제방법도 제안할 수 없었다. 많은 경제학자들과 정책입안자들은 케인즈가 주장한바와 같이 세계대공황의 원인이 유효수요의 부족에 있으므로 이를 증대시키기 위한 공공사업을 포함하는 다양한 정책을 제안하였다. 이와 같은 정책은 총체적수요에 의해 산출량과 고용에 영향을 줄 수 없는 고전학파체계에는 맞지 않는 것 이었다. 케인즈는 고전학파의 경제사상체계는 과거 100년간의 경제사고체계로부터 기인하는 것이라고 지적했다. 케인즈는 산출량에 대한 미시적인 총체적수요이론의 결여, 즉 산출과 고용량을 결정하는데 있어 총체적수요의 역할이 연결되어있지 않음을 고전학파의 문제점으로 지적했다.

5.2 화폐이론

2장에서 살펴본 소비, 저축, 조세 등의 이론은 케인즈에 따른 이론이었으므로 여기서는 생략하기로 하고 화폐이론의 일부만을 다른 시각에서 분석하고자 한다.

5.2.1 화폐수요

케인즈의 화폐수요이론은 화폐보유의 3가지 동기로부터 출발했다. 이제 이것을 종합해서 화폐수요함수를 좀 더 구체적으로 설명하기로 한다. 거래적 및 예비적 화폐수요는 소득과 positive의 관계를 갖고, 투기적 화폐수요는 이자율과 negative의 관계를 갖는다.

이들을 종합하면 화폐수요함수는 다음과 같이 쓸 수 있다.

$$M^d = L_1(y) + L_2(r) \quad \cdots\cdots (5.1)$$

이제 화폐수요함수가 단순한 선형방정식의 형태라고 가정하면, 다음과 같이 표현할 수 있다.

$$M^d = a_1 + a_2Y - a_3r,\ a_2 > 0,\ a_3 > 0 \quad \cdots\cdots (5.2)$$

매개 변수 a_2는 소득 1단위 증가시의 화폐수요량의 증가 즉 $\Delta M^d/\Delta y$를 의미한다. 또한 a_3은 이자율 1단위 증가에 대한 화폐수요량의 감소분 $\Delta M^d/\Delta r$을 나타낸다.

화폐스톡은 외생적으로 결정되는 정책변수이다. 이 같은 화폐공급은 외생적으로 결정된 변수 값의 수준에서 이자율 r에 관계없이 그림 5.1에서처럼 수직으로 나타난다. 또한 화폐수요함수 M^d는 그림에서와 같이 이자율과 negative의 관계를 갖는 우하향의 형태를 취한다. 만약초기의 화폐스톡이 M^s_1인 상태에서 화폐스톡이 M^s_2로 증가 하게 되면 화폐시장의 균형 이자율은 r_1에서 r_2로 하락하게 된다.

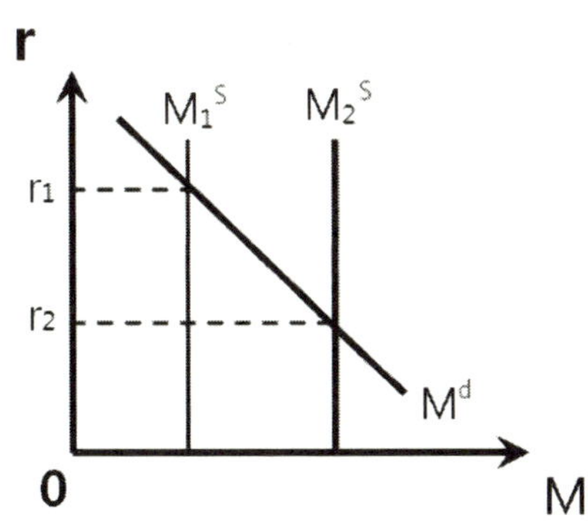

[그림 5.1] 화폐시장

5.3 IS-LM 곡선

5.3.1 LM 곡선의 도출

2장에서는 4사분면의 그림을 이용하여 IS, LM 곡선을 도출한 바 있다. 여기서는 LM 곡선을 도출함에 있어 선형방정식형태의 화폐수요함수를 이용하여 LM 곡선을 도출하기로 한다.

LM 곡선은 화폐시장을 균형에 있게 할 수 있는 이자율 r과 소득 y의 조합 점의 궤적이다. 화폐시장의 균형은 화폐수요와 화폐공급의 일치에 의해 가능하다. 화폐수요함수는 $M^d = a_1 + a_2Y - a_3r$이고 화폐공급은 외생적으로 결정된 화폐스톡 M^s이다.

그림 5.2의 (a)에서, 소득 Y_1수준 하에서의 화폐수요곡선은 $M^d(Y_1)$으로 표시되었다. 따라서 소득이 Y_1이고 이자율이 r_1이라면 화폐수요 M^d = 화폐공급 M^s의 조건이 성립한다. 소득이 Y_2로 증가하면 화폐수요는 $M^d(Y_2)$로 이동하게 되어 새로운 균형이자율 r이 형성된다. 따라서 소득 Y_2, 이자율 r_2인 경우에도 화폐시장은 균형에 도달 할 수 있다. 마찬가지로 소득이 Y_3, 이자율이 r_3이라 화폐시장이 균형에 있을 수 있다.

따라서 그림 (a)에서, 소득수준 Y_1, Y_2 및 Y_3에 따른 화폐수요함수와 화폐공급함수의 교차에 따른 균형이자율은 r_1, r_2 및 r_3라는 것을 알 수 있다. 이와 같은 관계가 그림 (b)에 나타나있다. Y_1, Y_2, Y_3의 소득수준에 따른 균형이자율수준은 그림 (a)에서 알 수 있고, 이 같은 이자율은 소득이 Y_1일 경우, r_1이였고, 소득이 Y_2일 경우, r_2이었으며 소득이 Y_3일 경우에는 r_3이었다.

그리하여 그림 (b)에 r_1, Y_1의 조합 점 A와 r_2, Y_2의 조합의 점 B 그리고 r_3, Y_3조합 점 C를 얻을 수 있었고, 이 같이 화폐시장을 균형에 있게 할 수 있는 이자율 r과 소득 Y의 조합 점들인 A, B, C를 연결시킨 궤적이 LM 곡선이다.

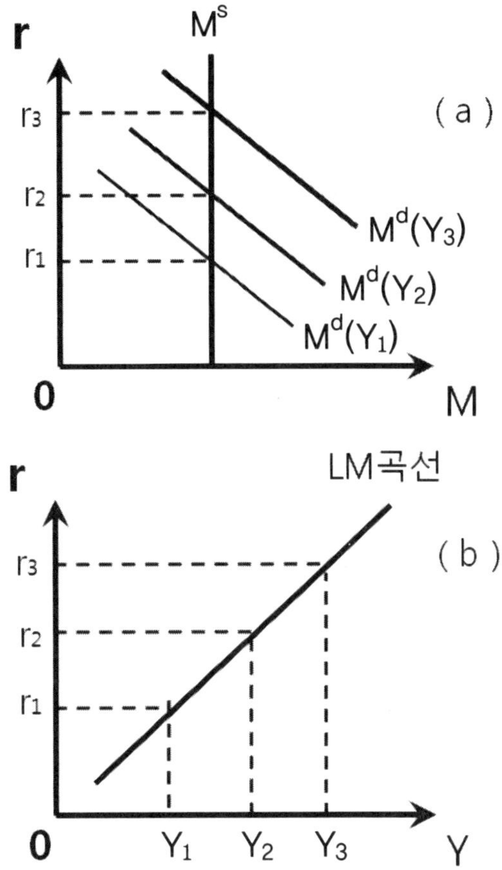

[그림 5.2] LM 곡선의 도출

5.3.2 LM 곡선의 기울기

어떤 요인이 LM 곡선의 기울기를 결정하는지를 살펴보기 위해 먼저 소득이 Y_1에서 Y_2, Y_3로 증가할 때 화폐시장에 어떤 변화가 일어나는지를 살펴보기로 한다.

화폐수요함수는 $M^d = a_1 + a_2Y - a_3r$이고 화폐공급 M^s와 일치하는 점에서 균형이 발생한다. 여기서 a_2는 $\Delta Md/\Delta Y$ 즉 단위당 소득증가에 따르는 거래 적 및 예비적 화폐수요의 증가분을 나타내 주는 매개변수이다.

한편 이자율은 $a_2Y(= \Delta Md/\Delta Y \cdot Y)$만큼의 화폐수요증가를 상쇄할

정도로 상승하게 된다. a_2의 값이 클수록 소득단위당 증가에 따른 화폐수요의 증가는 크게 증가하며 따라서 총 화폐 수요를 고정된 화폐스톡수준으로 환원시키기 위해서는 이자율의 상승이 더 크게 이루어져야만 한다. 따라서 a_2의 값이 클수록 이자율의 변화폭을 크게 해야 하므로 LM 곡선은 더욱 가파른 모양을 갖게 된다. $\Delta a_2 \cdot Y$에 의한 화폐수요 Md를 고정된 화폐스톡 M^s 수준으로 환원시키기 위한 이자율의 상승폭은 화폐수요가 이자율에 얼마나 탄력적인가에 달려있다. 화폐수요함수 $M^d = a_1 + a_2Y - a_3r$에서 화폐수요의 이자율 탄력성은 $-a_3$ 즉 $\Delta Md/\Delta r$을 결정하는 a_3의 값에 좌우된다.

그림 5.3의 (a)는 이자율탄력성이 작은 경우이고, (b)는 이자율탄력성이 큰 경우를 나타낸다. 그림 (a)는 이자율이 큰 폭으로 변화해도 화폐수요는 그다지 변하지 않는 경우를 보여주고 있다. 소득이 Y_1에서 Y_2, Y_3로 증가하게 되면 거래적 및 예비적 화폐수요를 각각 $a_2(Y_2 - Y_1)$ 그리고 $a_2(Y_3 - Y_2)$ 만큼 증가시킨다. $\Delta Md/\Delta r$ 즉 a_3의 값이 그림 (a)와 같이 작다면 $a_2\Delta Y$의 화폐수요증가를 원래의 화폐스톡수준으로 환원시키기 위해서는 이자율의 상승폭이 커야할 것이다. 이에 따라 LM 곡선의 기울기도 가파른 모양을 갖게 된다.

그림 (b)에는 이자율탄력성이 큰 경우가 나타나있다. 소득의 증가인 ΔY가 발생할 경우, 다시 말하자면 ΔY는 $Y_3 - Y_2$ 혹은 $Y_2 - Y_1$을 의미하는데, 이는 a_2Y에 의해 거래 적 및 예비적 화폐수요가 증가하게 된다. 그리고 이 같은 화폐수요증가는 원래 화폐스톡수준으로 화폐수요가 감소되어져야하므로 $-a_3r$에 의해 줄어들어야만 하는 화폐수요의 양과 일치되어져야한다. 이때 a_3의 값이 크다면 a_2Y에 의해 증가된 화폐수요를 원래수준에 복귀시키기 위해 약간의 이자율상승으로도 원래수준으로의 복귀가 가능하게 된다. 그리하여 LM 곡선은 완만한 기울기를 갖는 형태를 취하게 된다.

이번에는 화폐수요의 이자율 탄력성이 0이거나 혹은 무한대에 가까울 때 LM 곡선의 기울기는 어떻게 되는지를 살펴보자.

먼저 이자율탄력성이 0인 경우, 화폐수요함수는 $M^d = a_1 + a_2Y$가 된다. 그리고 균형수준에서는 $M^s = a_1 + a_2Y$가 되어, 균형수준에서는 Y

$= \dfrac{M^s - a_1}{a_2}$이다. 즉 하나의 소득수준만이 화폐시장의 균형수준이 될 수 있다. 이 경우 LM 곡선은 그림 5.4와 같다. 이를 고전학파의 경우라 한다.

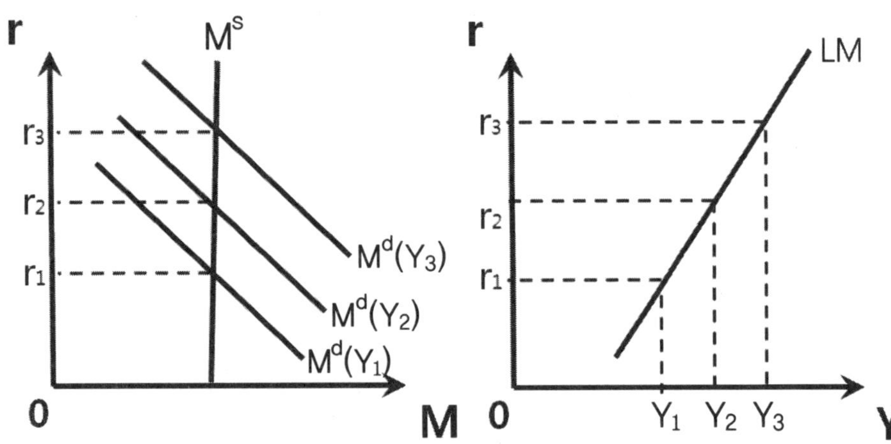

(a) 이자율 탄력성이 작은 경우

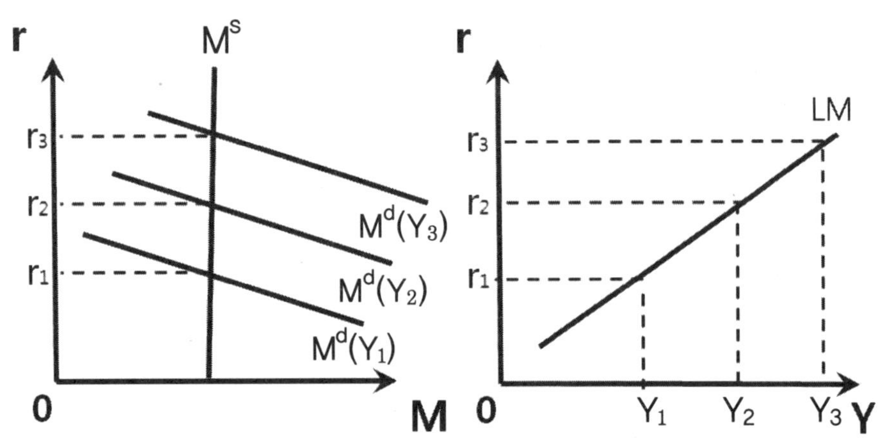

(b) 이자율 탄력성이 큰 경우

[그림 5.3] 이자율탄력성과 LM 곡선의 기울기

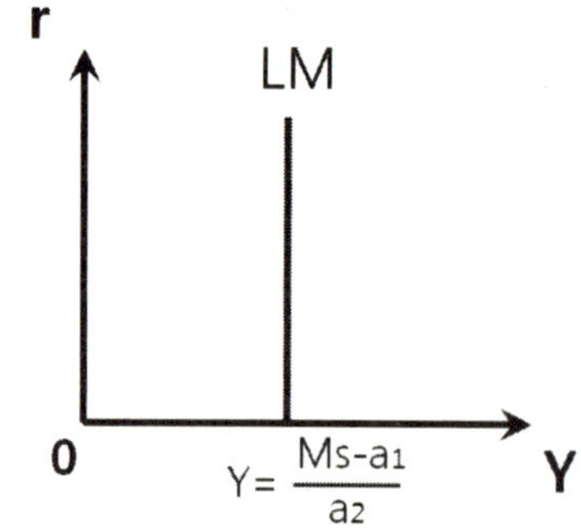

[그림 5.4] 고전학파의 LM 곡선

이 경우 화폐수요가 단지 소득수준에만 의존함을 알 수 있다.

이번에는 화폐수요의 이자율 탄력성이 거의 무한대인 경우를 살펴보자. 이것이 바로 유동성 함정(liquidity trap)이다. 케인즈의 투기적 화폐수요이론에 따르면, 아주 낮은 이자율 수준에서는 모든 사람들이 미래에는 이자율이 상승할 것 이라고 예상[1](증권가격이 떨어질 것 이라고 예상)하기 때문에 모두 증권을 매각하여 현금 즉 투기적 동기에 의한 현금잔고의 형태로 자산을 보유하려한다. 따라서 이 같은 경우에는 투기적 동기에 의한 화폐수요함수가 수평에 가깝게 되고 이에 따라 LM 곡선도 수평에 가까운 형태를 갖게 된다. 이와 같은 모양의 LM곡선이 그림 5.5에 나타나 있다. 아주 낮은 이자율 r_1수준에서 화폐수요함수의 이자율탄력성은 거의 무한대에 가깝게 되고 이에 따라 LM 곡선도 r_1이자율수준에서 거의 수평에 가깝게 된다.

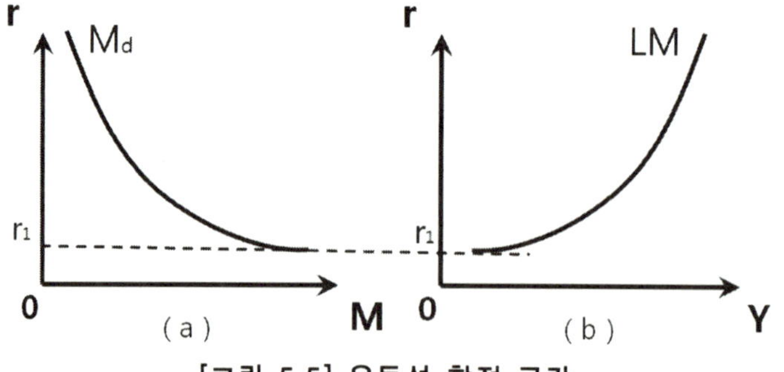

[그림 5.5] 유동성 함정 구간

1) 증권가격과 이자율은 역관계에 있다.

5.3.3 LM 곡선을 이동시키는 요인

화폐시장의 초기균형은 그림 5.6에서 화폐수요곡선 $M^d(Y_1)$과 화폐공급곡선 M_1^s의 교차에 의해 발생한다. 이 점이 그림 (a)의 A_1점이다. A_1점은 그림 (b)에서 이자율과 소득이 r_2, Y_1이 되는 점 즉 B점에 해당한다. 이때 소득이 Y_1에서 Y_2로 증가하면 화폐수요곡선은 $M^d(Y_2)$ 이동하여 그림 (a)에서와 같이 화폐시장의 새로운 균형점 A_2가 된다. 그리고 이는 그림 (b)의 r_4, Y_2의 조합점인 B_2에 해당한다. 점 B_1, B_2를 연결한 곡선이 초기의 LM 곡선인 LM_1이다.

이때 화폐스톡이 M_1^s에서 M_2^s로 증가하면 화폐시장에 어떤 변화가 발생하는가?

그림 (a)에서 초기의 화폐수요함수 $M^d(Y_1)$와 새로운 화폐공급곡선 $M^s{}_2$의 교차점에 의한 균형점은 그림 (b)의 r_1, Y_1을 나타내는 B_3점이 된다. 그리고 소득이 Y_1에서 Y_2로 증가하게 되면, 새로운 화폐수요곡선 $M^d(Y_2)$와 새로운 화폐스톡을 나타내는 화폐공급곡선 M_2^s와의 균형점이 발생하게 되는데 이것이 그림 (b)의 B_4점이다. 따라서 그림 (b)의 B_3, B_4를 잇는 새로운 LM 곡선인 LM_2가 발생한다.

이상의 내용을 요약해보면 화폐시장에서 화폐스톡이 증가하면 LM 곡선은 우측방향으로 이동하게 됨을 알 수 있다.

이제 주어진 이자율수준에서 화폐수요량의 변화를 가져오는 경우를 살펴보자.

만약 경제가 매우 어려운 상황에 빠져있어 기업들이 하나 둘 파산하기 시작하여 채무불이행의 가능성이 점점 커진다면 사람들은 자기의 자산을 현금의 형태로 보유(투기적화폐잔고의 증가)하길 원하게 된다. 그러므로 이자율에는 아무변화가 없음에도 투기적화폐수요의 증가로 전체적인 화폐수요가 증가하는 결과를 가져오게 된다. 케인즈는 이를 유동성 선호의 변동이라고 했는데 이 같은 결과는 그림 5.7에서와 같이 초기의 화폐수요함수 $M_1^d(y_1)$이 $M_2^d(y_2)$으로 이동하는 결과를 가져온다.

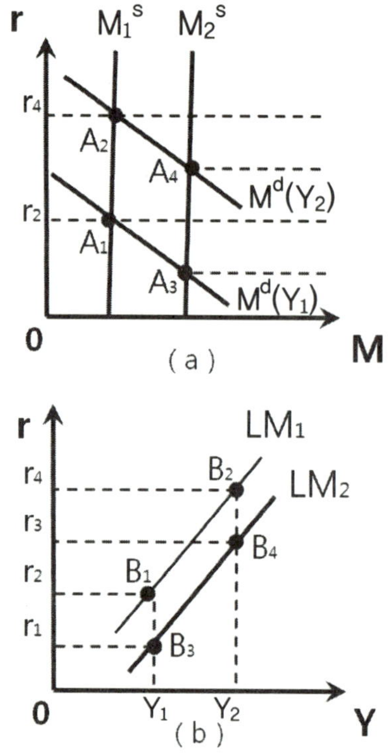

[그림 5.6] 화폐스톡의 변화와 LM 곡선

소득수준에는 변화가 없으나 경제적 여건 변화로 주어진 이자율에서 화폐수요의 변화를 가져온 결과이다. 초기의 화폐수요함수 $M_1^d(Y_1)$과 M_1^s의 균형점은 그림 (a)의 A_1점이고 이때 소득이 Y_2로 증가한다면 새로운 화폐수요함수 $M_2^d(Y_2)$과 M_1^s의 균형점은 A_2이다. 따라서 이로부터 LM 곡선이 유도되어지는데 이것이 그림 (b)의 점 B_1, B_2를 잇는 LM_1곡선이다.

다시 처음으로 돌아가 초기의 화폐수요함수 $M_1^d(Y_1)$수준에서, 위에서 언급한 경제여건의 변화로 화폐수요함수가 $M_2^d(Y_1)$으로 우측이동하게 된다면 $M_2^d(Y_1)$과 M^s_1과의 균형점은 그림 (b)의 B_3점이다. 그리고 새로운 화폐수요함수 $M_2^d(Y_1)$수준에서, 소득이 Y_2수준으로 증가하면 화폐수요함수는 $M_2^d(Y_2)$로 증가하게 되므로 새로운 균형점을 얻을 수 있는데, 이점은 그림 (b)의 B_4점이다. 그러므로 그림 (b)의 B_3, B_4를 잇는 새로운 LM 곡선인 LM_2를 얻게 된다. 결국 소득수준의 변화가 아닌 경제여건의 변화로 인한 화폐수요함수의 변화가 발생하게 되면 LM 곡선 자체가 이동하게 됨을 알 수 있다.

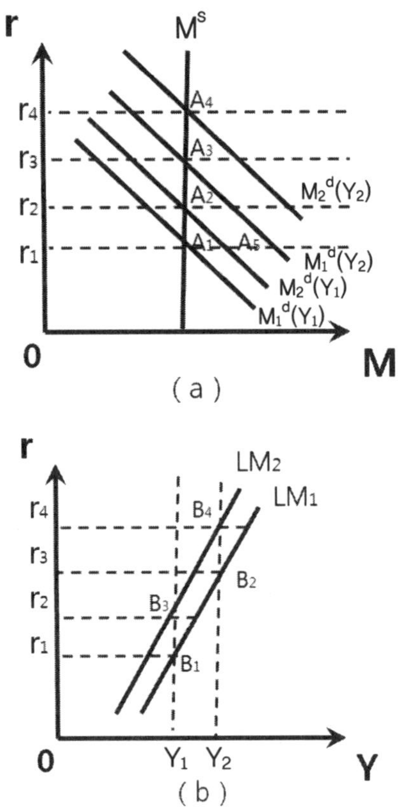

[그림 5.7] 화폐수요함수의 변화와 LM 곡선

5.3.4 IS 곡선의 도출

IS 곡선은 살펴본바와 같이 재화시장을 균형에 있게 하는 투자 I + 정부지출 G가 저축 S와 조세 T와 같아질 때 균형에 있게 된다. 그러므로 재화시장을 균형에 있게 할 수 있는 이자율 r과 소득 Y와의 조합점들의 궤적이다. 우선 IS 곡선에 대한 면밀한 분석을 위하여 정부부문이 없는 경우를 가정하고 살펴보기로 한다. 정부부문이 없으므로 재화시장의 공급은 저축 S뿐이고 수요는 투자 I뿐이다. 그리하여 재화시장의 균형조건은 I(r) = S(Y)가 된다.

정부부문이 없는 단순 모형에 있어 IS 곡선은 그림 5.8에 나타나 있다.

이자율이 r_1일 때의 투자량은 I_1이고 이와 동일한 크기의 저축은 S_1로서 소득이 Y_1이 되면 저축은 S_1이 될 수 있다. 따라서 이자율이 r_1이고 소득이 Y_1인 경우 재화시장은 균형에 있게 된다. 또한 이자율이 r_2일 때의 투자량은 I_2이고, 저축 S_2를 산출할 수 있는 소득은 Y_2이므로 r_2, Y_2의 조합점도 재화시장을 균형에 있게 할 수 있다. 이와 같은 방법으로 재화시장을 균형에 있게 할 수 있는 이자율과 소득의 조합 점들을 찾아 연결하면 IS 곡선 IS_1을 얻을 수 있다.

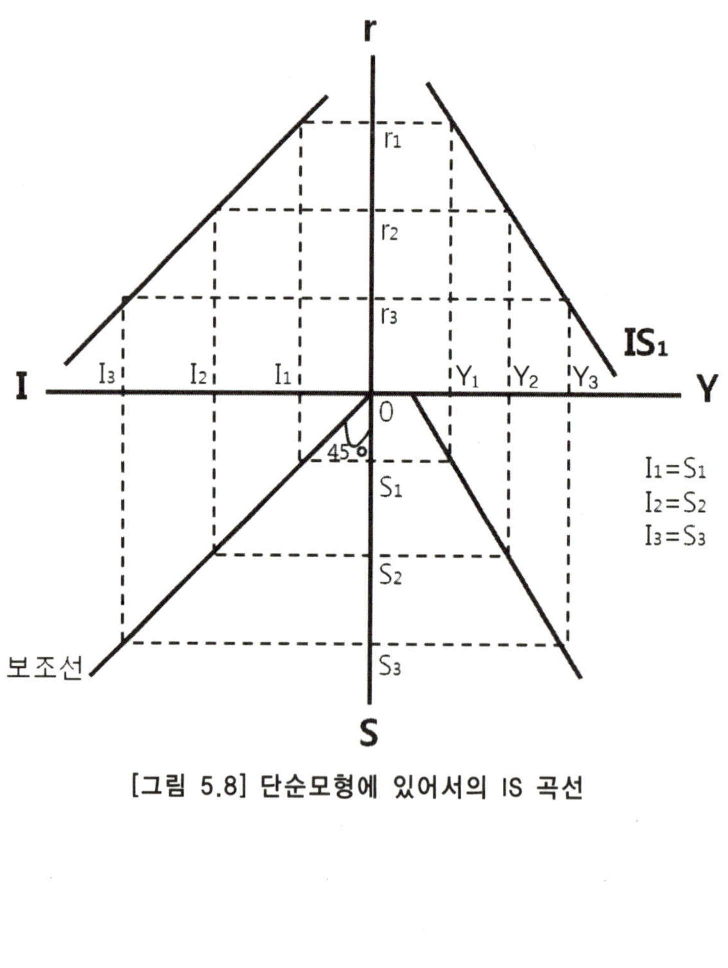

[그림 5.8] 단순모형에 있어서의 IS 곡선

5.3.5 IS 곡선의 기울기를 결정하는 요인

IS 곡선을 도출할 때 우리는 이자율변화에 따른 투자량의 변화를 살펴본바 있다. 그리고 일정수준의 저축 량을 확보하기위해서는 얼마만큼의 소득이 필요한가도 살펴보았다. 결국 투자함수와 저축함수의 기울기가 IS 곡선의 기울기를 결정하는데 중요한 역할을 한다는 것을 알 수 있다. 우선 일정한 기울기를 갖는 저축함수를 가정하고 투자함수의 이자율탄력성에 따라 IS 곡선에 어떤 영향을 미치는지를 살펴보기로 한다. 실제로 저축의 주체는 가계이고 가계의 생활패턴 즉 가처분 소득 중에서 소비를 제외한 저축의 형태는 단기간에 있어서는 거의 변화하지 않는다는 사실을 알고 있기 때문에 이와 같은 가정을 해보았다.

그림 5.9는 투자함수의 기울기가 IS 곡선에 어떤 영향을 미치는지를 보여주고 있다. 투자곡선 I_1은 이자율탄력성이 매우 작다. 즉 투자량변화/이자율변화가 아주 작은 경우를 보여주고 있는 것이다.

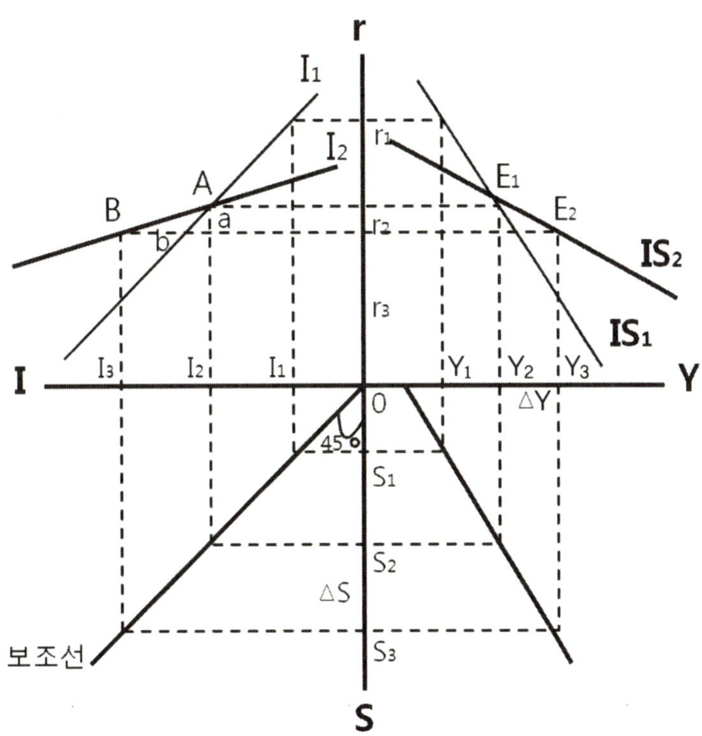

[그림 5.9] 투자함수와 IS 곡선

I_2곡선은 투자량변화(= b)/이자율변화(= a)가 상당히 크다. 즉 이자율탄력성이 매우 큰 투자곡선이다. 이자율탄력성이 큰 투자곡선 I2는 극히 작은 이자율변동에도 상당히 큰 폭의 투자량 변화가 발생한다. 화폐시장을 균형에 있게 하기 위해서는 대단위의 투자량과 상응하는 저축이 필요한데 저축함수가 일정불변이라고 가정한다면 많은 양의 저축을 낳기 위해서는 아주 높은 소득수준이 필요하게 된다. 이와 같은 과정을 그림 5.9에서 설명해보자.

지금 화폐시장에서 균형이자율이 r_1이라고 하자. 이때 이자율이 r_2로 하락한다면 탄력적인 투자곡선 I_2때문에 큰 폭(= b)의 투자가 필요하게 된다. $b(I_2 - I_1)$만큼의 투자량 증가를 위해서는 이와 동일한 저축 증가가 수반되어 져야 한다. 이 같은 저축량은 $S_3 - S_2$이다. 그리고 $\Delta S(= S_3 - S_2)$의 저축량을 산출하기 위해서는 $\Delta Y(= Y_3 - Y_2)$라는 큰 폭의 소득증가가 있어야 가능하다. 따라서 I_S곡선 또한 소득에 대한 이자율 탄력성이 IS_2와 같은 형태를 취하게 되는 것이다.

5.3.6 IS 곡선을 이동시키는 요인

이제 가계와 기업 그리고 정부가 존재하는 3부문 경제를 가정하기로 한다. 그러면 재화시장의 균형조건식은 $I + G = S + T$가 된다. 다시 저축 S를 가처분 소득의 함수로 정의한다면 $I + G = S(Y - T) + T$로 쓸 수 있다. 여기에서는 조세 T가 외생적으로 고정되어 있다고 가정한다.

우선 정부지출이 G_1에서 G_2로 변화하는 경우의 변화를 살펴보기로 하자. 초기 재화시장의 균형을 나타내는 IS_1곡선은 $I + G = S + T$의 균형조건에 의해 유도되어졌다. 초기의 $I + G = I_1 + G_1$이고 $S + T$는 $S_1 + T_1$이다. 이때 정부지출 G가 G_1에서 G_2로 ΔG만큼 증가하면 IS 곡선은 어떤 변화를 하겠는가?

그림 5.10에 이 같은 과정이 나타나있다. 초기 이자율 r_1수준 하에서 $I + G$는 $r_1 a_1$ 즉 $(I_1 + G_1)_1$이다. 그리고 $r_1 a_1$의 $I + G$와 동일한 $S + T$는 $(S + T)_1$이다. $(S + T)_1$을 가져올 수 있는 소득수준은 Y_1이다. 따라서 A_1점은 초기균형수준에서 재화시장을 균형에 있게 할 수 있는 이

자율과 소득의 조합점이다.

이때 ΔG가 있게 되면, 초기의 균형 이자율 r_1수준에서 투자량은 I_1로 불변이나 정부지출이 $G_1 + \Delta G$ 즉 G_2가 되어 ΔG 이후의 $I + G$는 b_1, r_1 혹은 $(I_1 + G_2)_1$이 된다. 재화시장이 균형에 있기 위해서는 이와 동일한 $S + T$가 필요한데 이것이 $(S + T)_2$이다. 그리고 $(S + T)_2$를 산출할 수 있는 소득수준은 Y_2이므로 새로운 균형수준에서는 이자율 r_1과 소득 Y_2즉 B_1점이 된다.

또한 r_2의 이자율 수준에서 ΔG 이전의 $I + G$는 $a_2\, r_2$ 즉 $(I_1 + G_1)_2$고 이와 동일한 $S + T$는 $(S + T)_3$이다. 따라서 이를 위한 소득수준은 Y_3이므로 r_2와 Y_3의 조합점은 ΔG 이전의 재화시장의 균형점이다.

이때 ΔG가 발생하면 r_2에서의 $I + G$는 b_2, r_2 즉 $(I_1 + G_2)_2$고 이와 동일한 $S + T$는 $(S + T)_4$이다. 또한 $(S + T)_4$를 산출할 수 있는 소득수준은 Y_4이므로 ΔG 이후의 r_2, Y_4 조합점 역시 재화시장을 균형에 있게 할 수 있다.

초기의 IS 곡선은 이상의 과정에서 살펴보았듯이 A_1, A_2를 잇는 조합 점들의 궤적이고 ΔG 이후의 IS 곡선은 B_1, B_2를 잇는 조합 점들의 궤적이다. 그렇다면 정부지출을 ΔG만큼 증가시켰을 때 IS 곡선은 A_1, B_1만큼 우측으로 이동했음을 알 수 있다.

조세가 불변이라는 가정 하에 정부 지출이 1단위 증가할 경우 주어진 이자율수준에서 재화시장을 균형에 있게 하기위해서는 저축도 1단위 증가해야만 한다. 즉 $I + G = S + T$에서, 주어진 이자율수준에서는 투자량은 일정하다. 그리고 조세도 불변이라 했으므로 $\bar{I} + G = S + \bar{T}$에서, G가 1단위 증가하면 S도 1단위 증가해야 하기 때문이다. 따라서 정부 지출의 1단위 증가는 저축 1단위 증가를 가져와야 되므로 저축 1단위 증가를 위해서는 소득이 얼마만큼 증가해야 하는가하는 문제가 된다. 저축 S는 $(1 - b)Y$이므로 다음식이 성립한다.

$$\Delta G = \Delta S = (1-b)\Delta Y : r_1 \quad \cdots\cdots (5.1)$$

이자율 r_1수준일 경우 $\Delta G = \Delta S$와 같아야 하고 이를 위해서는, 필

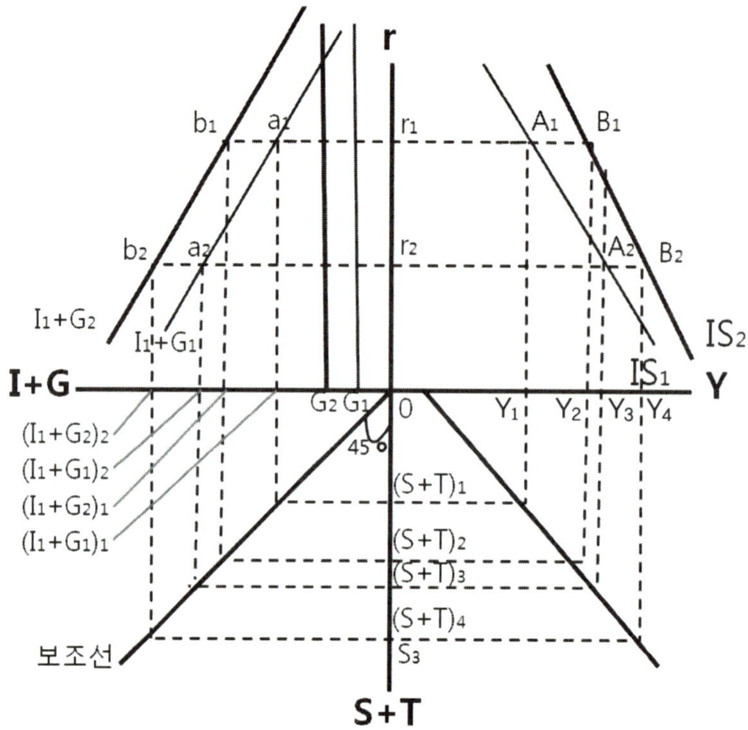

[그림 5.10] △G와 IS 곡선의 이동

요로 하는 소득증가분 △Y에 한계저축성향인 1 – b를 곱해서 얻어진다는 의미이다. 따라서 △G가 발생할 경우 소득증가분 △Y는 식 5.1로부터 $\Delta Y = 1/1 - b \cdot \Delta G$가 된다.

다음에는 조세의 변화에 따른 IS 곡선의 이동을 살펴보자. 그림 5.11에서 조세가 T_1에서 T_2로 증가했다고 하자. 주어진 소득수준 하에서 조세가 1단위 증가하면 조세 자체가 1단위 증가하는 효과와 조세 1단위 증가에 따른 저축의 감소라는 결과를 가져온다.

조세 1단위 증가는 한계저축성향인 1 – b만큼의 저축감소를 가져오게 된다. 그러나 저축의 감소는 1단위 조세증가에 한계저축성향 1 – b을 곱한 것 이므로 조세 1단위 보다는 적다.

4사분면의 S + T곡선은 케인즈의 저축함수의 정의에 따라 저축이 가처분 소득의 함수로 표현되었다. 즉 초기의 S + T곡선은 $S(Y - T_1) + T_1$이고 조세가 T_2로 증가한 후의 S + T곡선은 $S(Y - T_2) + T_2$로 나타나있다. 초기 이자율이 r_1이라면 I + G는 $(I + G)_1$이다. 재화시장을 균형에 있게 하기 위해서는 이와 동일한 S + T가 필요하다. 초기의 S + T곡선이 $S(Y - T_1) + T_1$일 경우, 이 같은 $(S + T)_1$을 산출하기위해서는 Y_1의 소득이 요구되어 진다.

그러나 r_1의 이자율에서 I + G가 $(I + G)_1$이고 이를 위한 S + T가 $(S + T)_1$일 때 S + T곡선이 조세증가로 인해 $S(Y - T_1) + T_1$에서 $S(Y - T_2) + T_2$로 변화하면 이에 필요한 소득수준은 Y_2가 된다. 따라서 $S(Y - T_1) + T_1$수준 하에서 $r_1\ Y_1$은 재화시장을 균형에 있게 할 수 있고 이것이 점 A_1이다.

$S(Y - T_2) + T_2$ 수준 하에서는 $r_1\ Y_2$ 즉 B_1점은 재화시장을 균형에 있게 할 수 있다. 마찬가지로 r_2의 이자율수준에서 I + G는 $(I + G)_2$며 재화시장을 균형에 있게 할 수 있는 S + T가 $(S + T)_2$이다. $S(Y - T_1) + T_1$수준 하에서$(S + T)_2$를 산출할 수 있는 소득수준은 Y_3이고 $S(Y - T_2) + T_2$수준 하에서 $(S + T)_2$를 산출할 수 있는 소득수준은 Y_4이다.

이자율 r_2수준 하에서 초기의 소득수준이 Y_3가 되어야 재화시장을 균형에 있을 수 있고, S + T곡선이 $S(Y - T_1) + T_1$에서 $S(Y - T_2) + T_2$로 이동된 이후의 소득수준은 Y_4가 되어야 균형에 도달할 수 있으므로 IS 곡선은 IS_1에서 ΔT에 의해 IS_2로 이동 되었다.

I + G 곡선은 ΔT의 경우, 아무런 영향을 받지 않으므로, 재화시장의 균형조건 I + G = S + T에서 ΔT가 발생하더라도 I + G의 변화가 없으므로 $\Delta S + \Delta T = 0$이 되어야만 균형에 도달할 수 있게 된다. 여기서 $\Delta S = (1 - b)\Delta(Y - T)$ 혹은 $\Delta S = (1 - b)\Delta Y - (1 - b)\Delta T$

$\Delta S + \Delta T = 0$이어야 하므로

$(1 - b)\Delta Y - (1 - b)\Delta T + \Delta T = 0$이다.

이를 풀면 $(1 - b)\Delta Y = -b\Delta T$

$$\Delta Y = -b/1-b\ \ \Delta T : r_1 \quad \cdots\cdots (5.2)$$

이자율이 r_1일 때 △T가 발생하면 △Y는 –b/1–b △T만큼 변화한다는 의미이다. 이는 그림 5.11에서 A_1, B_1의 거리를 나타낸다.

이번에는 투자수요의 자발적 변화가 발생할 경우 IS 곡선은 어떻게 되는가를 살펴보기로 하자. 동일한 이자율수준에서 미래 예상수익이 획기적으로 증대될 것으로 기대된다면 투자는 증가할 것이다. 이는 I + G 곡선을 이동시키게 된다. 이는 그림 5.10의 정부지출경우와 마찬가지의 결과를 가져온다. 따라서 투자량이 동일한 이자율수준에서 △I 만큼 증가하여 I + G 곡선이 이동했을 때 IS 곡선은 △G의 경우와 동일한 1/1 – b만큼 이동하게 된다.

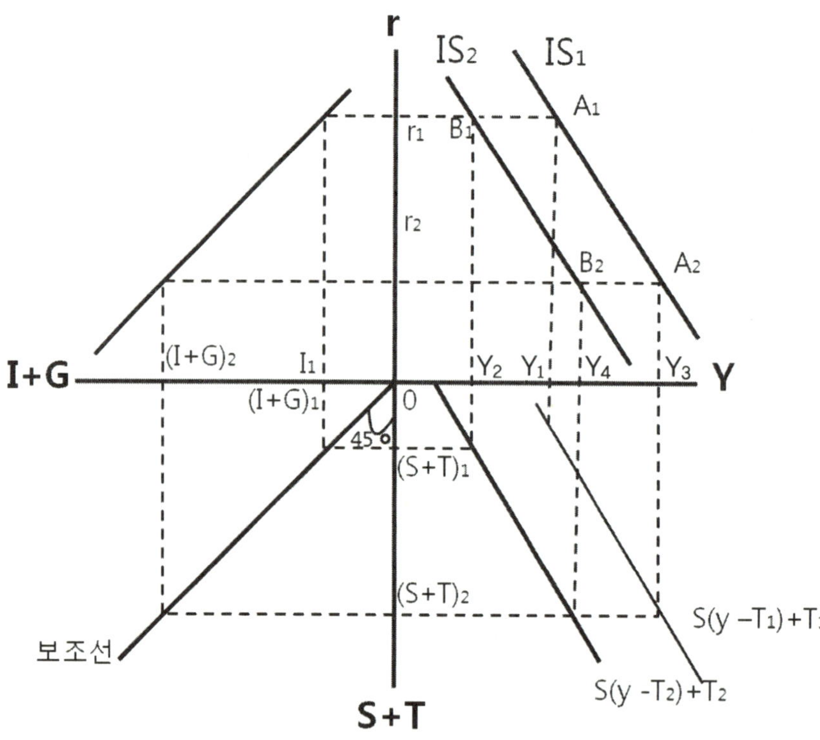

[그림 5.11] △T와 IS 곡선의 이동

5.4 명목화폐공급량 정부지출 및 조세의 변화 효과

5.4.1 명목화폐공급량 변화 효과

초기 수요측면의 균형은 IS_1과 LM_1의 교차점인 E_1에서 형성되었다. 이때 명목화폐공급량 M^s가 증가한다면 LM 곡선도 LM_1에서 LM_2로 이동하게 된다. 그림 5.12에 나타나 있듯이, LM곡선의 이동으로 새로운 수요측면의 균형은 r_2, Y_2의 조합점인 점 E_2에서 형성된다. 이 같은 과정은 다음과 같이 설명할 수 있다.

화폐스톡의 증가로 인해 화폐의 초과공급 상태가 되고 이자율을 하락시키게 된다. 이자율 하락은 투자수요를 증대시켜 소득수준을 올리게 되고 이는 다시 새로운 소비수요를 낳게 된다. 점 E_2의 균형은 이와 같은 초기수요측면의 균형수준보다 낮은 이자율과 더 큰 소득수준을 낳게 된다. 이자율 하락으로부터 시작된 소득증대, 그리고 이에 따른 화폐수요의 증가, 여기서 화폐수요의 증가는 초기 명목화폐공급량의 증가와 같아질 때 까자 계속되어져 결국 균형점 E_2를 낳게 되는 것이다.

이번에는 그 반대의 경우를 살펴보자. 만약 사람들이 채권이나 증권의 자산보유형태 보다 현금의 형태로 자산을 보유하려는(투기적 화폐수요의 증가) 경향이 커진 경우 즉 소득과 이자율은 일정한데 투기적 화폐수요가 증가한 경우이다. 이 같은 결과는 LM곡선을 좌측으로 이동시키게 된다.

사람들의 새로운 자산보유형태의 변화로 채권보유가 감소되면 이자율이 상승하게 된다. 이자율 상승은 투자수요를 줄이고 소득수준을 낮추게 된다. 소득수준의 감소로 인한 화폐수요의 감소는 투기적 화폐수요의 감소와 동일 할 때까지 작용되어져 결국 그림 5.12의 높은 이자율 r_3, 낮은 소득수준 Y_3을 나타내는 점 E_3에서 새로운 균형이 성립하게 된다.

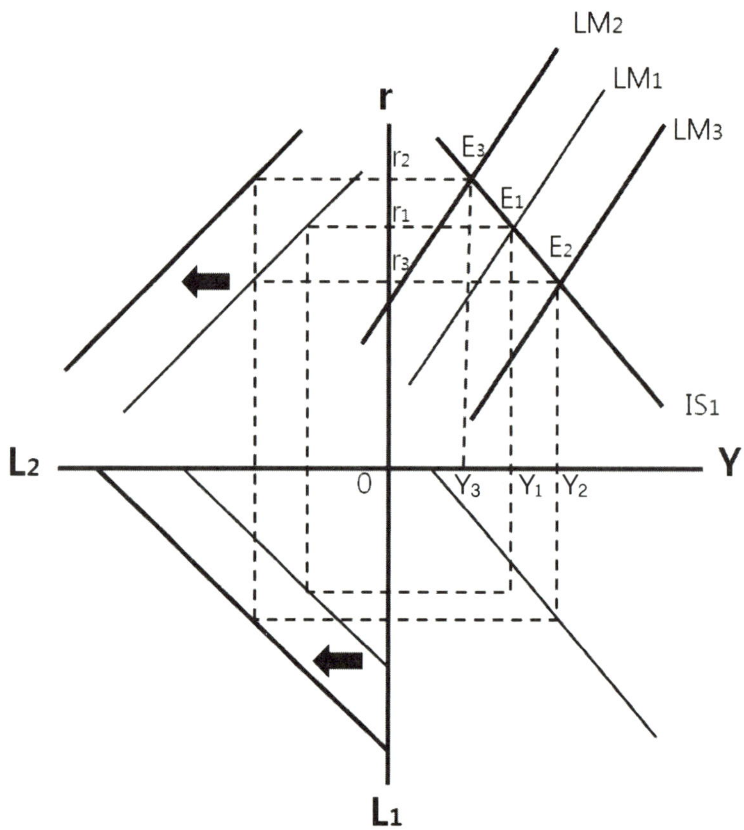

[그림 5.12] LM 곡선의 이동 효과

5.4.2 정부지출 G의 변화 효과

그림 5.13에서처럼 정부지출 G가 증가하는 경우를 살펴보기로 하자. 초기의 수요측면의 균형 상태는 IS_1과 LM_1에 의한 이자율 r_1, 소득 Y_1수준을 나타내는 점 E_1이다. 이때 정부지출이 ΔG 만큼 증가하게 되면 IS곡선은 IS_1에서 IS_2로 이동하게 된다. 그 결과 이자율은 r_2로 상승하게 되고 소득도 Y_2수준으로 증가하게 된다.

소득수준을 증가시키는 원인은 직접적인 정부지출증대와 이에 따른 소득증가로부터 유발된 소비지출의 증가에 따른 것이다. 정부지출의 변화는 화폐시장에 아무런 영향도 주지 않는다. 따라서 LM곡선도 아무런 변화가 일어나지 않는다. ΔG의 변화에 따라 소득이 상승하기 때문에 이자율은 조정되어 진다. 소득이 증가하면 생활비와 같은 거래적 화폐수요가 증가한다. 화폐스톡은 변화하지 않았다. 결국 화폐시장의 균형조건인 화폐스톡은 = 화폐수요를 충족시켜야 하는데 화폐공급인 화폐스톡은 불변인 상태 하에서 거래 적 화폐수요가 증대되었으므로 투기적 화폐수요가 감소되어져야만 하는 것이다. 투기적 화폐수요는 앞에서 살펴보았듯이 이자율과는 역관계에 있다. 따라서 투기적 화폐수요의 감소는 이자율을 상승시키게 되는 것이다.

앞에서 우리는 LM곡선을 고려하지 않은 상태 하에서 ΔG가 발생할 경우 IS곡선이 얼마만큼 이동했는가를 살펴본바 있다. 그 이동거리는 소득의 증가분이었다. 이것은 그림 5.13에서 E_1, E_3의 거리로 나타나며 $\Delta G(1/1-b)$이였다. 그러나 화폐시장을 고려하여 LM곡선이 이 같은 과정에 들어오게 되면, 정부지출은 ΔG만큼 증가시켜도 소득증가분은 ΔG $(1/1-b)$보다 적다.

정부지출이 증가하면 화폐시장이 균형을 유지하기위해 이자율이 상승해야 한다. 이자율의 상승은 투자의 감소를 가져온다. 이 같은 투자지출의 감소는 정부지출 증가에 따른 총체적 수요 증가분의 일부를 상쇄시킨다.

즉 초기의 r_1의 이자율 수준에서 이자율수준이 변동하지 않는다면 (LM곡선의 영향을 무시한다면) ΔG의 변화는 소득을 $\Delta G(1/1-b)$만큼 증가시킨다. 그러나 LM곡선효과를 감안하면, ΔG에 따른 이자율상승은 투자지출을 감소시켜 r_1수준에서의 소득증가 효과를 감소시킨다.

그림 5.13에서 정부지출이 증가하게 되면 소득은 r_1의 이자율 수준에서, Y_1에서 Y_3로 증가한다. 소득증가에 따라 증가된 거래 적 화폐수요 때문에, 화폐공급은 불변이므로 화폐시장을 균형에 있게 하기 위해서는 투기적 수요가 줄어들어야 한다. 초기 화폐시장 균형점 E_1에서, 소득이 y_1에서 y_3로 증가하게 되면 4사분면의 거래적 화폐수요 증가로 2사분면의 투기적 화폐수요는 줄어들어야 한다. 따라서 이자율은 r_1에서 r_2로 증가해야만 하는 것이다. 결국 재화시장에서의 소득수준의 증가는 화폐시장에서 균형점을 E_1에서 E_2로 이동시키게 되므로 이자율이 상승되어야 하는 것이다. 그리고 이 같은 이자율상승은 투자수요를

감소시켜 전체 소득증가 효과를 일부 상쇄시키게 된다.

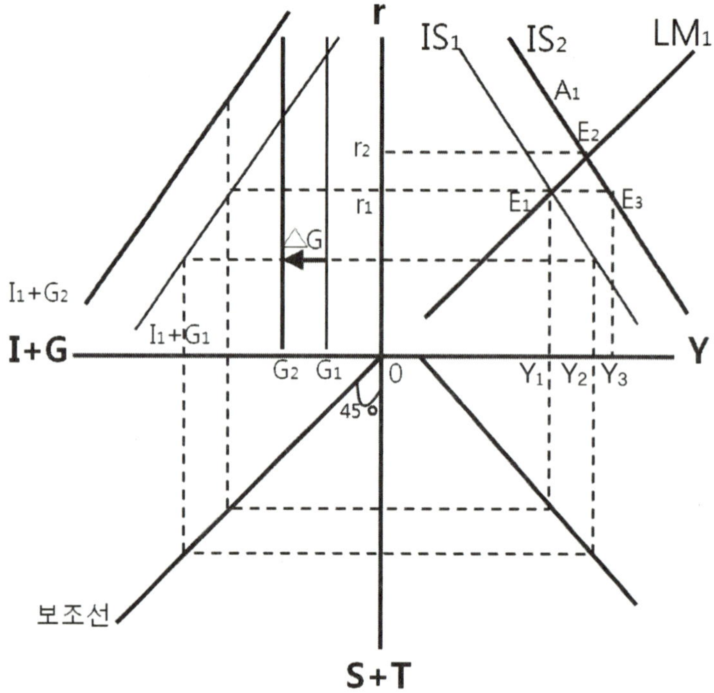

[그림 5.13] 정부지출변화와 IS 곡선

5.4.3 조세 T의 변화

여기에서도 마찬가지로 초기 수요측면의 균형은 IS_1과 LM_1에 의한 이자율 r_1 그리고 소득수준 Y_1인 E_1점에서 출발하기로 하자. 정부가 조세를 T_1에서 T_2로 ΔT만큼 증가시킨다고 하자. 이는 그림 5.14 (a)의 4사분면에서 보는바와 같이 초기 소득수준 Y_1하에서 $S+T$는 S_1+T_1이었으나 ΔT의 부과로 $S+T$ 곡선은 S_1+T_1로 이동하였다. 직선 a, b의 거리가 ΔT이다. 이에 따라 IS곡선은 IS_1에서 IS_2로 이동하게 되어 이자율은 r_1에서 r_2로 그리고 소득수준은 Y_1에서 Y_2로 감소하게 된다.

조세가 증가하게 되면 가처분 소득이 작아져서 소비를 감소시키기 때문에 소득수준은 낮아지게 된다. 또한 조세가 증가하게 되면 소득이 감소하게 되어 화폐수요가 감소하면서 이자율이 하락하게 된다.

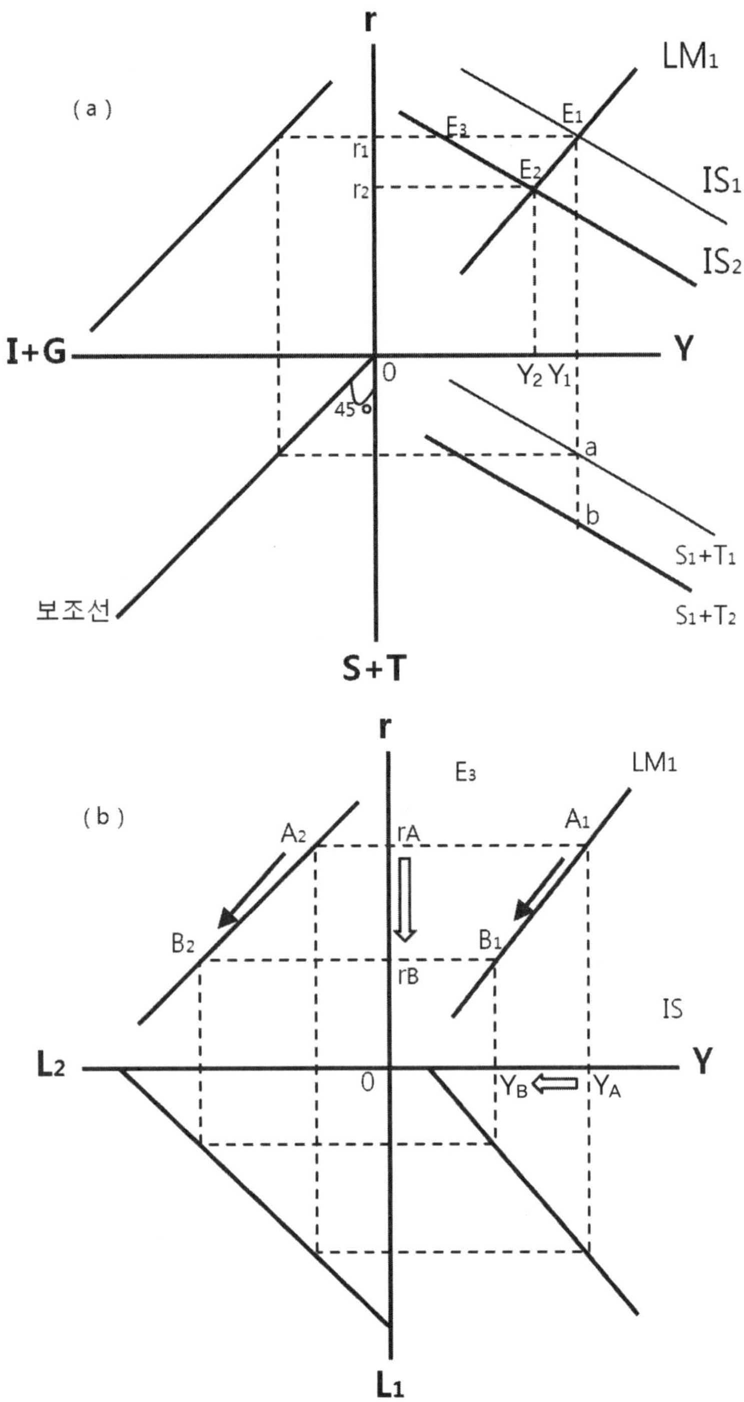

[그림 5.14] 조세변화와 IS 곡선

그림 (b)에서와 같이 소득이 Y_A에서 Y_B로 감소하게 되면 화폐시장이 균형에 있기 위해서는, LM_1곡선상의 균형점은 A_1에서 B_1로 이동해야만 한다. 소득수준이 Y_A인 경우 이자율은 r_A인 경우 이지만 소득수준이 Y_B로 하락하게 되면 거래적 화폐수요가 감소하고 이에 따라 투기적 화폐수요가 증가해야만 화폐시장이 균형에 있을 수 있으므로 이자율은 r_B로 하락해야만 한다.

한편 ΔG의 경우와 마찬가지로 화폐시장을 고려하지 않는다면 그림 (a)에서와 같이 4사분면의 ΔT의 증가는 1사분면에서 E_1, E_3의 소득 감소를 가져온다. 이는 소득 감소에 따른 이자율 하락효과 즉 LM 곡선의 효과를 무시한 경우에 있어서이다. E_1, E_3의 거리는 IS 곡선의 수평거리이며 $\Delta T(b/1-b)$만큼 이동한다는 것은 앞에서 이미 배운바 있다. 그러나 ΔT로 인한 거래적 화폐수요 감소에 따라 이자율이 하락하게 되고 이는 투자의 증가를 가져와 조세증가로 감소된 소비부분의 일부를 상쇄시키게 된다.

5.4.4 균형예산승수

수요측면의 초기 균형 상태에서 정부지출 ΔG를 증가시키고, 이와 동일한 크기로 조세를 ΔT만큼 증대시키는 경우를 살펴보기로 하자. 즉 정부지출이 조세로 징수한 액수와 동일한 규모로 이루어 질 때의 효과를 살펴보는 것이다.

먼저 ΔG를 하게 되면 IS 곡선은 IS_1에서 IS_2로 이동하게 되고 초기의 균형이자율 r_1수준에서 IS 곡선의 수평 이동거리는 그림 5.15에서 알 수 있듯이 $E_1 E_2$이다. 즉 ΔG (1/1−b)만큼 이동한다. 그리고 다시 ΔG와 동일한 크기로 조세를 ΔT만큼 늘리면 IS 곡선은 IS_2에서 IS_3로 이동하게 된다. ΔT의 경우 IS 곡선의 수평 이동거리는 $E_2 E_3$이며 그 크기는 $\Delta T(-b/1-b)$이다. ΔG로 인해 IS 곡선의 우측으로의 수평이동거리는 $\Delta G(1/1-b)$이며 ΔT로 인해 IS 곡선의 좌측으로의 수평이동거리는 $\Delta T(-b/1-b)$이다.

$$즉,\ \Delta G(1/1-b) + \Delta G(=\Delta T)(-b/1-b) = \Delta G - b\Delta G/1-b$$
$$= \Delta G(1-b)/(1-b)$$
$$= \Delta G$$

따라서 ΔG와 ΔT의 크기가 같을 때 IS 곡선의 최종 이동거리는 ΔG 만큼인 것이다.

예로서 한계소비성향 b가 0.8이라고 가정하고 ΔG와 ΔT를 1조원이라 한다면 IS_1에서 IS_2로의 수평 이동거리는 (1/1−0.8)1조원 = 5조원이고 IS_2에서 IS_3로의 수평 이동거리는 (−0.8/1−0.8)1조원 = −4조원이다. 결국 $\Delta G(=\Delta T)$인 1조원만큼 IS 곡선은 수평 이동하게 되는 결과를 가져온다. 그러나 LM 곡선을 고려하면, IS 곡선이 IS_1에서 IS_3로 이동함에 따라 소득 증대를 가져오고 이는 화폐시장이 균형을 유지하여 이자율이 상승해야 한다. 이자율의 상승은 투자를 감소시켜 소득 증가분의 일부를 상쇄시키게 된다.

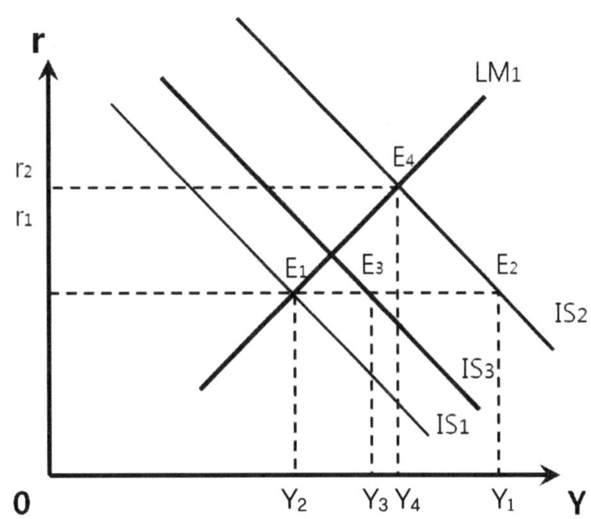

[그림 5.15] ΔG와 ΔT

5.5 재정정책과 금융정책 효과

5.5.1 IS 및 LM 곡선의 기울기와 정책효과

IS 곡선과 LM 곡선의 기울기는 재정정책이나 금융정책을 실시할 경우, 그 정책의 효과에 지대한 영향을 미친다. 우리가 살펴본 바와 같이 IS 곡선의 기울기를 결정하는 중요한 매개변수는 투자의 이자율 탄력성 이였다. 투자의 이자율 탄력성이 큰 경우에는 IS 곡선은 평평한 기울기를 가졌고 탄력성이 작을 경우에는 IS 곡선은 급경사의 모양을 나타내었다.

LM 곡선의 기울기를 결정하는 중요한 매개변수로는 화폐수요에 대한 이자율 탄력성을 들 수 있다. 이에 대한 가정은 각 학파 간에 다소간의 차이가 있으나 IS 곡선과 LM 곡선의 기울기는 정책효과에 결정적인 역할을 하고 있다.

1) IS 곡선과 금융정책 효과

그림 5.16에는 IS 곡선의 기울기가 다른 2가지의 경우가 나타나있다. 그림 (a)에는 이자율탄력성이 아주 작은 경우이고 그림 (b)는 이자율 탄력성이 상당히 큰 경우이다. 이자율 탄력성이 매우 작은 그림 (a)의 경우, 화폐스톡이 증가하여 LM 곡선이 LM_1에서 LM_2 로 이동한다고 가정하자.

물론 그림 (a), (b) 두 경우 모두 화폐스톡이 증가하여 LM 곡선이 LM_1에서 LM_2로 이동한다는 가정을 적용할 것이며 두 경우 모두 LM 곡선의 초기 기울기나 LM 곡선의 이동거리[2)]가 동일하게 변화한다는

2) 화폐수요함수 $M^d = a_1 + a_2Y - a_3r$에서 화폐스톡변화에 따른 LM 곡선의 이동거리는 $\Delta M(1/a_2)$이다. 여기서 a_2는 소득 단위당 화폐수요의 변화량을 나타낸다.

가정을 하였다. 그림 (a)에서 살펴볼 때 이자율 탄력성이 작은 IS 곡선일 경우 금융정책은 소득수준을 조금밖에 증가시키지 못한다. 즉 정책의 유효성이 작다고 할 수 있다.

그림 (b)의 이자율 탄력성이 큰 IS 곡선의 경우, 금융정책은 유효성이 있다고 결론지어 진다. 즉 동일한 $\triangle M^s$의 증가에 따라 Y_1에서 Y_2로 큰 폭의 소득증가를 가져왔다.

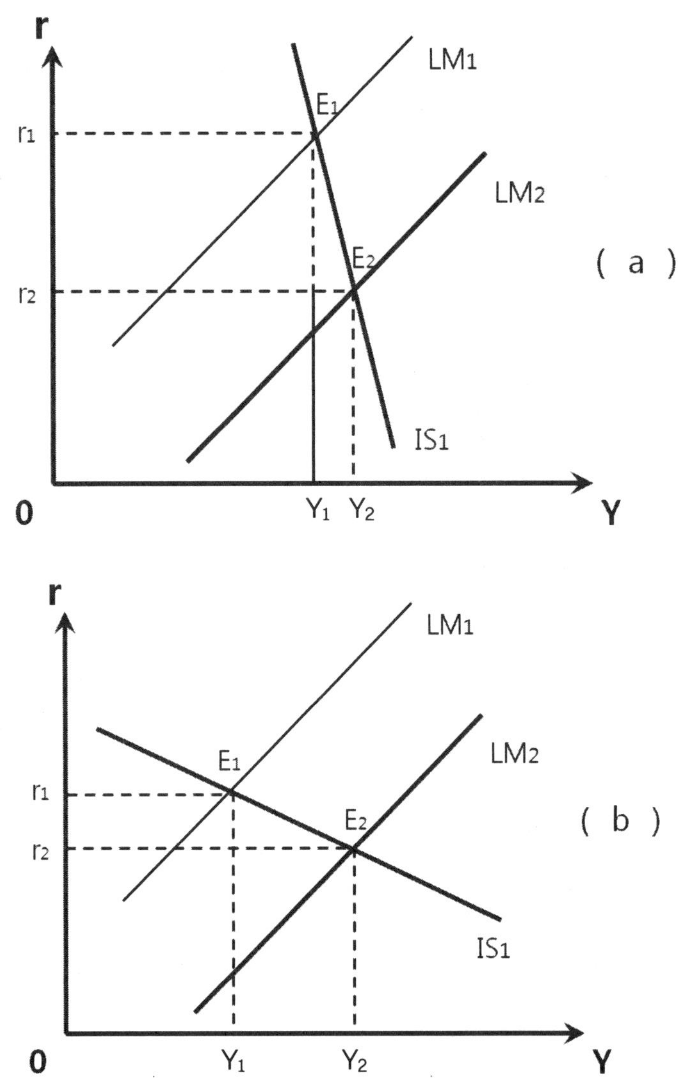

[그림 5.16] IS 곡선의 기울기와 금융정책

그리고 만약 모든 화폐잔고가 소득의 증대에 따라 유발되는 화폐수요에 충당 된다고 가정한다면 $\Delta M(1/a_2)$은 화폐스톡 증가로 인한 소득의 증가를 나타낸다. 이는 일정한 이자율의 수준에서의 소득의 증가를 의미하므로 LM 곡선의 수평 이동 거리를 나타낸다.

그림 5.16의 (a)와 (b)에서 LM 곡선의 수평이동거리는 $\Delta M(1/a_2)$이다. 다른 것은 IS 곡선의 기울기이다. 그러므로 그림 (a)와 같은 경우라면 금융정책은 별로 유효성이 없다는 결론에 도달한다. 그림 (b)의 이자율 탄력성이 큰 IS 곡선일 경우 금융정책은 지대한 정책의 실효성을 갖는다.

2) IS 곡선의 기울기와 재정정책

그림 5.17의 (a), (b)에는 동일한 기울기를 갖는 LM 곡선인 LM_1에서 초기의 IS 곡선은 그림 (a), (b) 각각 그 기울기가 다르다. 그림 (a)에서는 이자율 탄력성이 작은 IS 곡선인 IS_1과 LM_1과의 초기균형점 E_1에서 출발한다. 그리고 그림 (b)에서는 이자율 탄력성이 매우 큰 IS 곡선인 IS_1과 LM_1과의 초기 균형 E_1에서 출발한다. 그림 (a)와 (b)가 LM 곡선의 기울기 이외에도 IS 곡선의 수평이동거리는, 만약 ΔG에 의해 이동한다면 $\Delta G(1/1-b)$ 로서 두 경우 모두 동일하다.

투자가 이자율에 덜 민감할수록 IS 곡선은 가파른 기울기를 갖고 재정정책의 효과는 크다. 정부지출이 증가함에 따라 소득이 증가하게 되므로 화폐시장이 균형에 있기 위해서는 앞에서 살펴본 바와 같이 이자율이 상승해야한다. 이는 투자를 감소시킴으로서 정부지출효과의 일부를 상쇄시킨다. 그런데 그림 (a)에서와 같이 이자율 탄력성이 작다면 이자율 증가는 투자를 경미하게 줄이게 되므로 초기의 ΔG에 의한 효과가 거의 수평거리만큼 작용하게 된다.

또한 그림 (b)에서와 같이 IS 곡선이 평평한 기울기를 갖는다면, 투자의 이자율 탄력성이 큰 경우가 되며, ΔG에 의한 화폐시장의 이자율은 상승하게 되지만 조금의 이자율상승에도 막대한 투자 감소가 발생하므로 ΔG의 효과 중 막대한 부분을 상쇄시켜 정책의 유효성이 떨어지게 된다.

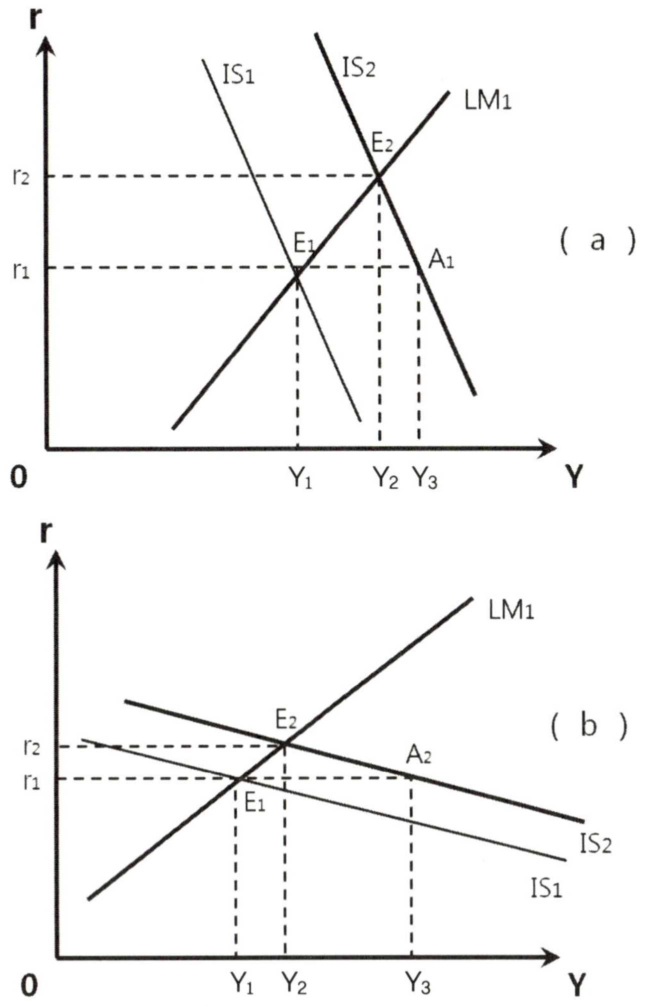

[그림 5.17] IS 곡선의 기울기와 재정정책

그림 5.17에서 살펴보면, (a)의 경우 ΔG에 의해 가파른 기울기를 갖는 IS 곡선이 IS_1에서 IS_2로 이동한다. 만약 화폐시장을 고려하지 않는다면 r_1이자율 수준에서의 수평 이동거리는 $\Delta G(1/1-b)$ 즉 $E_1 A_1$(= $Y_1 Y_3$)이다. 그런데 ΔG로 인해 화폐시장에서 거래적 화폐수요 증가를 가져오므로 화폐시장의 균형을 위해 투기적 화폐수요가 감소해야 하므로 이자율이 상승해야 한다. 그러나 이자율 탄력성이 작으므로 이자율 상승에 따라 투자 감소가 작아지게 된다. 이는 ΔG의 효과를 부분적으로 상쇄시키는 부분인데 이것이 그림 (a)의 $Y_2 Y_3$이다. 따라서 정

책효과는 $Y_1 Y_2$로서 거의 수평거리 이동의 효과가 있다.

그림 (b)에서는 ΔG로 인해 IS 곡선의 수평 이동거리는 $E_1 A_2$이다. 이는 그림 (a)의 $E_1 A_1$과 동일하게 그려져 있다. 그러나 ΔG에 의한 소득 증대 그리고 화폐시장의 이자율 상승, 여기에서 이자율 탄력성이 매우 크므로 약간의 이자율 상승에도 $Y_2 Y_3$만큼의 막대한 투자 감소 효과로 인하여 ΔG의 효과는 $Y_1 Y_2$의 경미한 변화만을 가져올 뿐이다.

3) LM 곡선과 재정정책

LM 곡선의 기울기는 화폐수요의 이자율 탄력성에 달려있다. 이자율 탄력성이 높으면 LM 곡선의 기울기는 평평한 모양을 하고 이자율 탄력성이 작을수록 LM 곡선은 수직에 가까운 모양을 갖는다.

그림 5.18에서는 상이한 기울기를 갖는 LM 곡선과 재정정책효과를 보여주고 있다. 정부지출 G를 증가시키는 ΔG정책에 의해 IS 곡선은 IS_1에서 IS_2로 이동하게 되는데 그 수평이동거리는 $\Delta G(1/1-b)$이다.

우선 그림 (a)는 수평의 LM 곡선이고 그림 (b)는 비교적 평평한 모양의 즉 이자율 탄력성이 큰 LM 곡선의 경우이며 그림 (c)는 이자율 탄력성이 극히 작은 LM 곡선 그리고 그림 (d)는 수직인 LM 곡선이 그려져 있다.

그림 (a)에서, ΔG에 의한 IS 곡선의 이동은 IS_1에서 IS_2로의 이동으로 나타난다. 또한 r_1의 이자율 수준에서 IS_1에서 IS_2까지의 수평이동거리는 $\Delta G(1/1-b)$이다. LM 곡선이 수평의 기울기를 가지므로 재정정책의 효과는 LM 곡선의 수평이동거리와 같다.

그림 (b)에서 $Y_1 Y_3$의 거리는 이자율 r_1수준 하에서의 수평이동거리이다. 그러나 앞에서도 언급했지만 ΔG로 소득이 증대되어 화폐수요가 증대되면 화폐시장에서 이자율이 상승하여 투자가 감소하게 된다. 그러나 이 경우 LM 곡선의 기울기가 평평하여 이자율이 조금만 상승하게 되고 투자수요의 감소도 적게 된다. 따라서 정책효과는 ΔG에 의한 IS 곡선의 수평거리인 $Y_1 Y_3$보다 조금 적은 $Y_1 Y_2$가 되어 재정정책의 유효성이 입증된다.

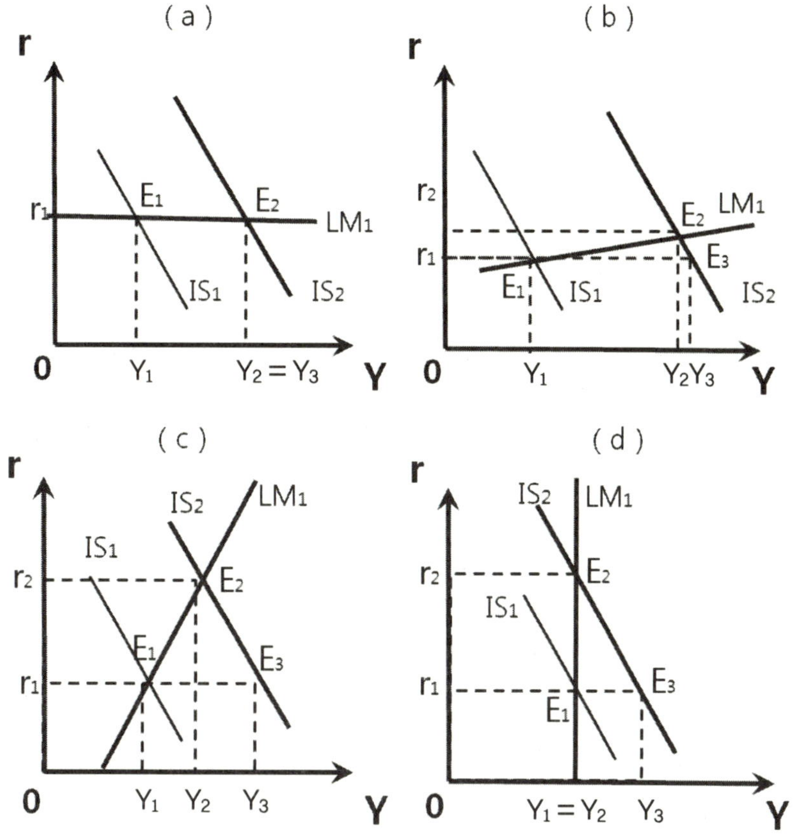

[그림 5.18] LM 곡선과 재정정책효과

그림 (c)에서는 LM 곡선의 기울기기 가파르다. 이자율 상승이 크게 되고 투자 감소 효과가 커지게 된다. 따라서 정책효과 Y_1 Y_2는 경미한 수준에 머무르게 된다.

또한 LM 곡선이 수직일 경우에는 ΔG에 의한 정책의 유효성은 전혀 나타나지 않는다. ΔG에 의한 총체적 수요증가는 주어진 이자율 수준 하에서는 소득에 상승 압력을 가하게 된다. 따라서 산출물에 대한 초과수요가 존재한다. G는 커지고 소비 C와 투자 I는 불변이므로 소득을 증가시키려는 압력은 거래적 화폐수요를 증대시키고 이자율을 상승시킨다. 그러나 화폐시장은 Y_1소득수준에서 균형에 도달할 수밖에 없으므로 이자율이 아무리 높아지더라도 균형 소득수준은 변하지 않는다.

수직적인 기울기를 갖는 LM 곡선의 경우를 고전학파의 영역이라고 한다. 왜냐하면 고전학파는 화폐수요가 이자율에 의존한다는 사실을 체계적으로 설명하지 못했기 때문이다. 고전학파는 화폐수요가 이자율에 완전 비탄력적이라는 묵시적 가정을 했기 때문이다.

한편 이자율탄력성이 거의 무한대에 달하는 수평에 가까운 기울기를 갖는 LM 곡선을 케인즈 영역이라 한다. 이는 케인즈에 의해 제안되어졌다. 이 수평에 가까운 구간을 유동성 함정구간이라 했는데, 고전학파 경제모형이 균형해를 갖지 못하는 특수한 상황을 설명해 준다. 유동성 함정에 대해서는 추후 다시 논하기로 한다.

5) LM 곡선과 금융정책

그림 5.19의 그림 (a), (b), (c)에는 동일한 초기의 IS 곡선인 IS_1이 그려져 있다. 그리고 그림 (a)에는 이자율 탄력성이 매우 큰 LM 곡선 즉 평평한 모양의 LM 곡선이 그려져 있고 그리고 그림 (b)에는 이자율 탄력성이 매우 작은, 가파른 기울기를 갖는 LM 곡선이 그려져 있다. 그리고 그림 (C)에는 수직의 LM 곡선이 그려져 있다. 세 그림 모두 초기의 r_1의 이자율수준에서 동일한 크기의 ΔM^s를 한 경우이다. 따라서 그림 (a)의 $y_1 y_3$, 그림 (b)의 $y_1 y_2$ 그리고 그림 (c)의 $y_1 y_2(= y_3)$의 크기는 모두 동일하며 이들이 이동한 수평거리는 모두 $\Delta Ms \cdot \frac{1}{a^2}$로 동일하다.

ΔM^s의 정책효과는 이자율 탄력성이 매우 큰 그림 (a)의 경우가 제일 경미하며, 그림 (b)는 상당히 효과가 크고, 그림 (c)는 완전한 효과를 나타내고 있다.

ΔM^s로 인한 이자율 하락폭을 비교해보면 세 경우의 정책효과를 알 수 있다. 초기 소득수준 Y_1과 이자율 r_1수준에서 화폐스톡이 증가하면 화폐의 초과 공급이 발생하고 이는 이자율을 하락시킨다. 이자율 하락은 투자를 증대시키고 소득을 증대시켜 화폐수요를 증가시킨다. 이자율 하락은 증가된 화폐공급과 같아지는 수준까지 화폐수요를 증가시

키게 된다. 화폐수요가 이자율에 매우 탄력적인 그림 (a)에서는 이자율이 조금만 하락해도 가능하다. 따라서 이 경우에는 투자의 증가와 이에 따른 소득의 증가가 작게 나타난다.

그림 (b)에는 이자율 탄력성이 작은 경우이다. 화폐스톡이 r_1이자율 수준에서 $Ms \cdot \frac{1}{a^2}$ 만큼 증가하게 되면 화폐의 초과공급이 발생한다. 화폐시장이 균형에 있기 위해서는 이자율이 하락해야 한다. 그러나 LM 곡선의 기울기가 가파르므로 화폐의 초과공급을 해소하기 위해서는 이자율의 하락폭이 커야만 한다. 따라서 큰 폭의 이자율 하락은 많은 양의 투자증가를 가져와 보다 많은 소득을 증대시키게 된다.

그림 (c)는 화폐수요에 대한 완전 비탄력적인 수직의 LM 곡선이 나타나있다. 화폐스톡이 증가함에 따라 이자율은 하락한다. 이 경우 이자율 하락은 화폐수요가 이자율 하락에 의존하지 않기 때문에 화폐시장의 균형을 회복시키는 것과는 아무관계가 없다.

그러나 이자율 하락은 투자를 증대시키고 소득을 늘리게 된다. 이 같은 소득증대과정은 새로운 화폐잔고 전부가 증대된 소득수준에서 필요로 하는 거래 잔고로 흡수되기 때문에 이 같은 소득증대과정은 모든 새로운 화폐가 추가적인 잔고로 흡수될 때 까지 계속된다. 즉 새로운 화폐의 어느 일부분도 이자율 하락에 따라 투기적 수요의 증가로 흡수되지 않는다.

이 같은 과정에 대해 IS 곡선, LM 곡선자체의 변화로 설명하면 다음과 같다.

먼저 그림 5.19(a)의 초기 균형은 IS_1과 LM_1에 의해 E_1점에서 이루어 졌다. 이때 ΔM^s에 의해 이자율 r_1수준에서 화폐의 초과공급이 발생한다. 수요측면의 새로운 균형을 위해 이 같은 화폐의 초과 공급현상이 사라지기 위해서는 이자율의 하락이 필요하고 초과공급을 정확히 해소시키기 위한 이자율 하락의 크기는 r_1에서 r_2수준이 요구되어진다.

재화시장의 균형점은 현재 E_1점이고 ΔM^s로 인해 화폐시장의 균형점은 LM_2곡선상의 E_3이다. 그리고 E_1과 E_3에서 모두 이자율 r_2로의 하락 압력이 존재하게 된다. E_1에서 이자율 r_2로의 하락압력은 IS_1 곡선을 따른 이동이 되므로 재화시장에서 이자율이 r_1에서 r_2로 하락하는 경우이다. 재화시장에서 이자율 하락은 투자를 증대시키고 소득을 증대시킨다. 따라서 재화시장에서 이자율이 r_1에서 r_2로의 하락은 소득을 Y_1에서 Y_2로 증가시키게 된다.

그리고 E_3에서 이자율 r_2로의 하락 압력은 화폐시장에서 발생하며 이는 그림 (d)에서와 같이 이자율이 r_1에서 r_2로 하락하면 2사분면의 투기적 화폐수요곡선상의 조합점은 A_1에서 B_1로의 이동으로 나타나고 이는 LM 곡선상의 A_2에서 B_2로의 이동을 의미한다.

투기적 화폐수요의 이자율 탄력성이 큰 경우 LM 곡선도 이자율탄력성이 크다. 따라서 이자율이 r_1에서 r_2로 조금만 하락해도 소득수준은 Y_1에서 Y_2로 크게 감소함을 알 수 있다. 따라서 재화시장과 화폐시장에서 이자율 하락 압력은 각각 점 E_1에서 E_2로, E_3에서 E_2로 이동하게 되어 E_2에서 새로운 수요측면의 균형을 이루게 된다.

그림 5.19의 (b)와 같이 이자율 탄력성이 작은 LM 곡선의 경우에도 마찬가지이다. 초기 수요측면의 균형점은 E_1이다. 이때 화폐스톡의 증가로 r_1의 이자율 수준에서 초과 화폐공급이 발생하고 이에 따라 재화시장의 균형은 E_1, 화폐시장의 균형은 E_3이 된다. 이 같은 초과화폐공급은 이자율 수준을 E_1에서 E_2로 하락 시킨다. 재화시장의 균형을 나타내는 IS_1 곡선 상에서, 이와 같은 이자율 하락 압력은 투자를 증대시켜 소득을 Y_1에서 Y_2로 증대시킨다. 또한 이자율 하락 압력은 그림 (e)에서와 같이 화폐시장에서 이자율을 하락에 따라 소득을 Y_3에서 Y_2로 감소시키는 결과를 가져온다. LM 곡선의 기울기가 급경사를 이룬 경우 큰 폭의 이자율하락에도 소득수준은 Y_3에서 Y_2로 조금밖에 감소시키지 않게 된다.

그러므로 LM 곡선의 기울기가 가파를수록 이자율 하락에 따른 소득감소의 크기는 작아지게 되고, LM 곡선의 기울기가 수직인 경우에는 이자율 하락에 따른 소득감소는 전혀 발생치 않는다. 따라서 그림 (c)에서와 같은 경우 이자율하락은 재화시장에서만 투자증가로 인한 소득증가의 결과만을 가져오게 된다.

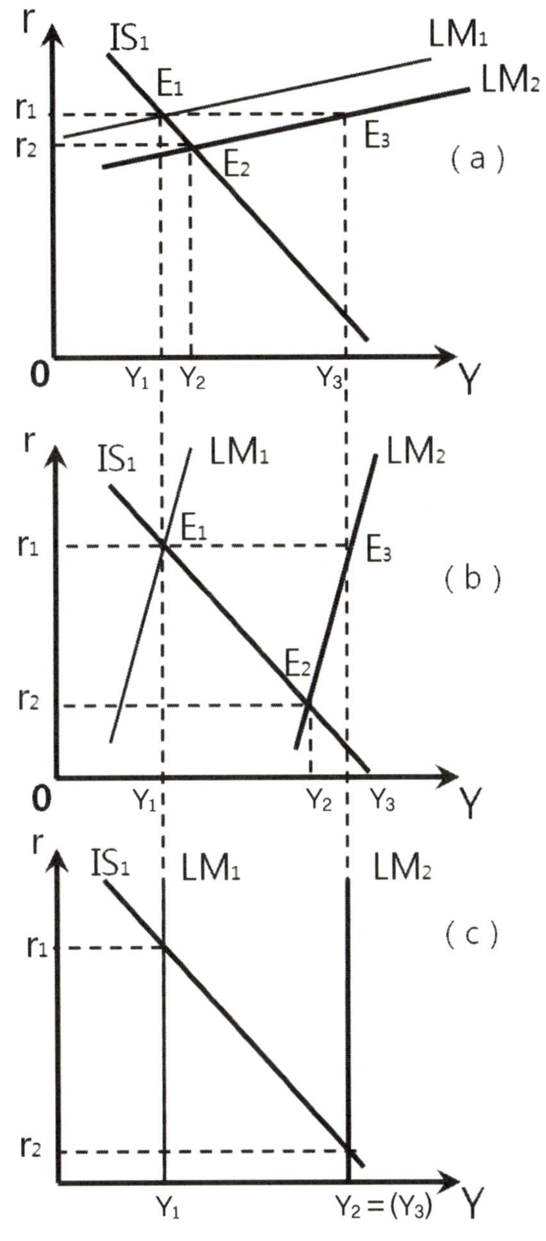

[그림 5.19] LM 곡선의 기울기와 금융정책

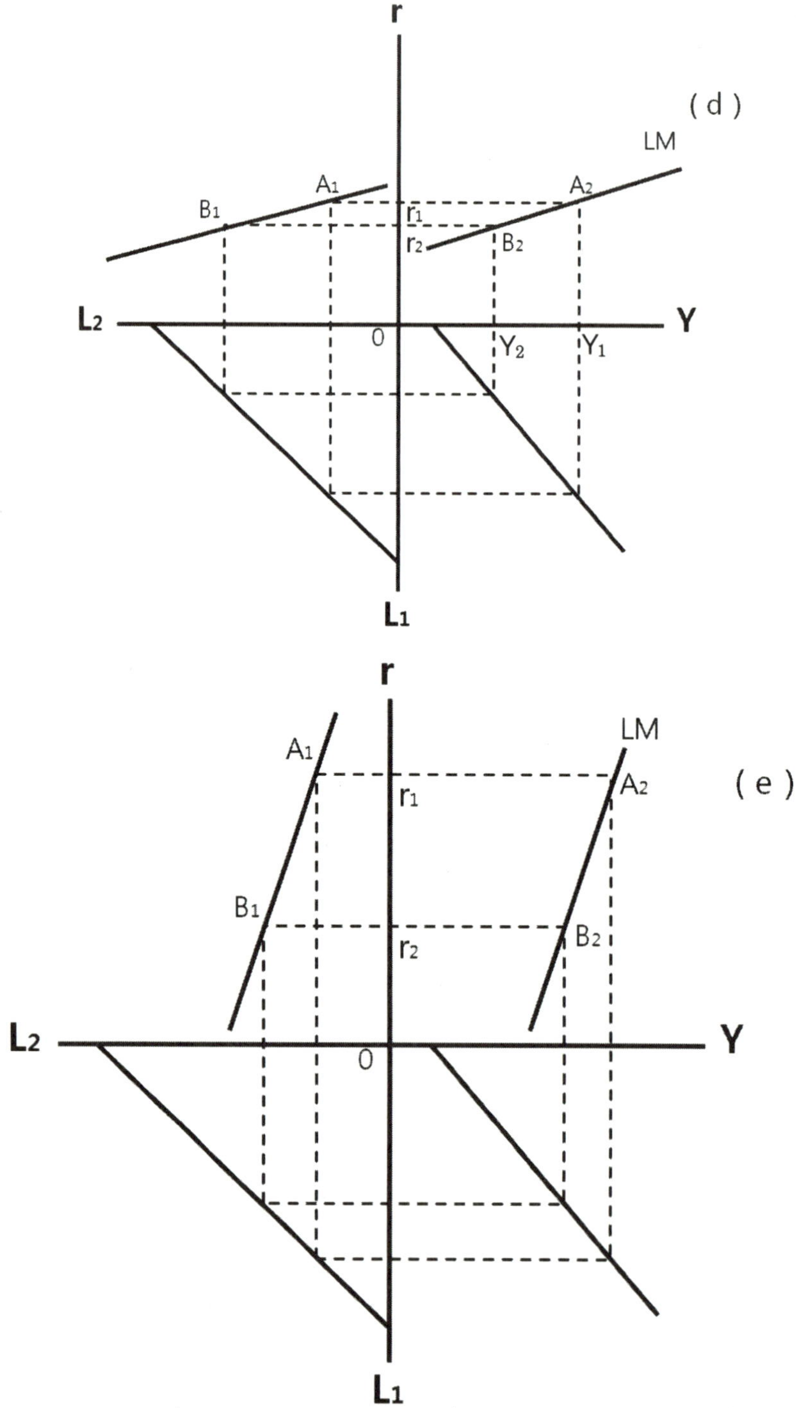

[그림 5.19] LM 곡선의 기울기와 금융정책(계속)

제6장

케인지안의 경제모형 II

제6장 케인지안의 경제모형 II

여기서는 물가와 임금이 일정하지 않는 경우의 케인지안 모형을 검토하고 수요와 공급 요인이 어떻게 산출량을 결정하는지를 살펴보기로 한다. 이 같은 측면에서 볼 때 본 장은 고전학파와 케인지안 모형을 종합한 내용을 다루게 된다. 그러나 케인지안 모형의 중요한 특징은 여전히 총체적 수요가 산출량을 결정하는 요인 이라는 사실이다.

6.1 케인지안의 총체적 수요곡선

지금까지 살펴본 케인지안 모형에서는 수요측면의 균형을 위해서는 재화시장이 균형에 있어야 하고 화폐시장도 균형에 있어야 하며, 화폐시장과 재화시장이 동시적 균형을 이루어야 수요측면에서 하나의 균형점을 얻을 수 있었다.

그렇다면 산출량수준이 기업에 의해 생산되는 총체적 공급량과 같도록 만드는 요인은 무엇인가? 그림 6.1에서 보여 지듯이 물가가 일정하다는 가정 하에서는 어떠한 산출량 수준도 가능하다는 총체적 공급은 수평의 형태를 갖는다.

이 같은 가정은 산출량 수준이 경제의 생산 능력 이하일 경우에는 가능하다. 즉 1930년대 세계대공황 하에서는 지극히 높은 실업률을 나타내고 있었다. 이때에는 산출량의 증대가 화폐임금의 상승에 압력을 가할 수가 없었다. 또한 추가적 노동을 고용하더라도 노동의 한계생산물은 일반적으로 하락하지 않는다. 그러므로 노동의 추가 고용으로 인한 생산물 1단위를 추가로 생산하는데 소요되는 추가적 화폐임금도 일정한 수준을 유지하게 된다. 그러나 보다 고용수준이 높은 일반적인 상황 하에서는 산출량 증가는 임금과 물가 수준을 상승시키게 된다. 이 경우에는 물가 수준 상승과 함께 산출수준이 증가하게 되므로

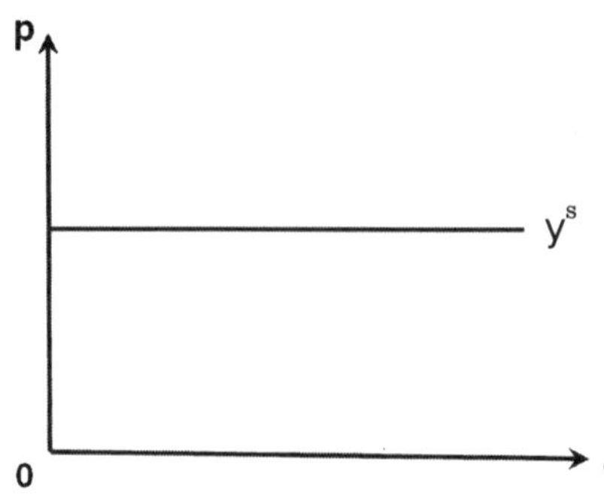

[그림 6-1] 물가수준 고정인 케인지안의 총체적 공급곡선

우 상향의 공급 곡선이 된다.

지금까지 우리는 케인지안 모형에서 총체적 수요를 결정하는 요인들을 살펴보았다. 이는 IS-LM 곡선의 위치를 결정하는 중요한 요인들이었고 산출량을 총체적 수요와 일치시키는 소득 Y와 이자율 r의 조합을 결정해주는 요인들이었다. 이제 각각의 물가수준에서 수요 되는 산출량 수준과의 조합점들의 궤적 즉 IS 곡선의 균형 조건은 다음과 같다.

$$i(r) + g = s(y) + t \quad \cdots\cdots (6.1)$$

이제부터 소문자는 실질가치를 나타내고 대문자는 명목가치를 나타낸다. 정부지출 g와 조세 t는 정부에 의해 고정되는 것으로 가정하며 물가변동에 의해 영향을 받지 않는다고 가정함에 의해 실질가치로 표현 되었다. 투자수준 역시 주어진 이자율에 의해 실질투자수준이 결정되는 것으로 가정한다. 또한 실질저축은 실질소득에 영향을 받는다. 따라서 위 식은 물가에 의해 영향을 받는 변수는 하나도 없게 된다. 따라서 물가수준이 변하더라도 IS 곡선은 변하지 않음을 알 수 있다.

한편 LM 곡선의 균형조건은 다음과 같다.

$$\frac{M^s}{P} = m^s = L_1(y) + L_2(r) \quad \cdots\cdots (6.2)$$

실질화폐공급량 m은 명목화폐공급량 M^s를 물가수준으로 나눈 것이다. 명목화폐공급량 M^s는 외생적으로 고정되어 있으나 실질화폐공급량 M^s는 물가 수준에 따라 변화할 수 있다. 거래적 및 예비적 화폐수요 L_1은 실질소득 y에 의존하고, 투기적 화폐수요 L_2도 실질가치에 의해 측정 되어 진다. 따라서 화폐시장의 균형은 실질화폐스톡과 실질화폐잔고에 대한 수요가 일치함으로서 이루어지게 된다.

그림 6.2는 수요측면에서 물가가 P_1에서 P_3 등으로 변화할 때 물가와 실질소득수준과의 조합 점들의 궤적인 총체적 수요곡선을 보여주고 있다.

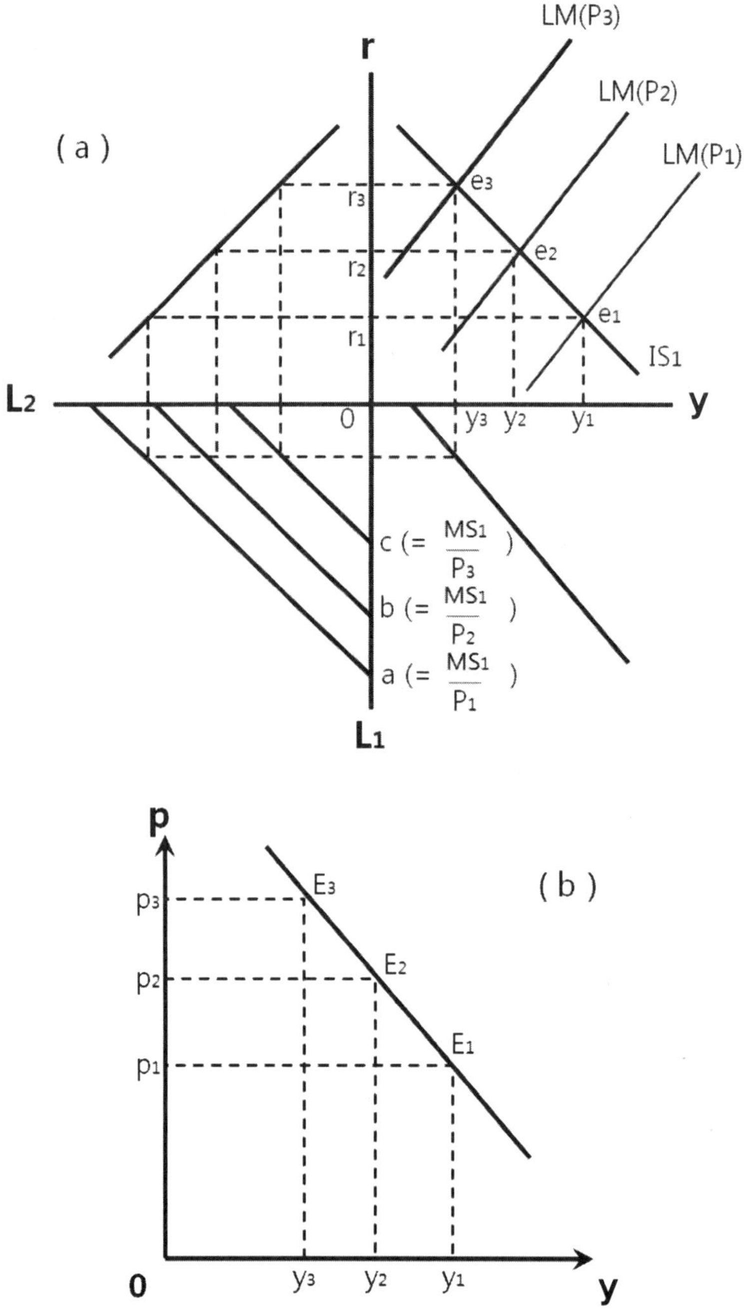

[그림 6.2] 총체적 수요곡선

그림 (a)에서 물가수준이 변화할 경우 IS 곡선에는 아무런 영향을 줄 수 없으므로 IS 곡선은 움직이지 않는다. 그러나 물가가 P_1에서 P_2, P_3로 상승함에 따라 실질화폐공급량은 변화한다.

실질화폐공급량은 초기 명목화폐공급량을 M_1^s이라 한다면, 물가 상승에 따라 $\frac{M_1^S}{P}(=a)$, $\frac{M_2^S}{P_2}(=b)$, $\frac{M_3^S}{P_3}(=c)$ 으로 점차 감소한다. 따라서 실질 화폐공급량 $\frac{M^S}{P}$ 의 크기만큼에서 45° 의 보조선을 그려 넣었던 3사분면에서 보조선은 점차로 평행 이동하여, LM 곡선은 1사분면에서 보는 바와 같이 LM(P_1)에서 LM(P_2), LM(P_3)로 좌측이동 하게 된다. 이에 따라 수요 측면의 균형 즉 이자율 r과 실질소득 Y의 조합 점들은 e_1에서 e_2, e_3로 이동하게 된다. 그런데 e_1점은 물가수준이 P_1이었고, 실질소득은 y_1, e_2점은 물가수준이 P_2, 실질소득은 y_2, e_3점은 물가수준이 P_3, 실질소득이 y_3이다.

그러므로 이 같은 변화를 물가수준과 이에 따른 실질소득수준의 변화로서 나타내면 그림 (b)의 E_1, E_2, E_3이 된다. 이 조합 점들을 연결하면 총체적 수요 곡선이 된다.

이번에는 화폐스톡 M^S가 실질 소득에 미치는 영향을 살펴보자.

그림 6.3에서 화폐스톡이 M_1^s에서 M_2^s로 증가하면 그림 6.1의 (a)에서와 같이 (이동 방향은 다르지만) LM 곡선이 $LM_1(P_1)$에서 $LM_2(P_1)$으로 이동하며, 그림 (b)에서와 같이 균형실질소득은 y_1에서 y_2로 증가한다.

6.2 총체적 공급(고전학파)과 총체적 수요(케인지안)의 결합

고전학파는, 노동시장에서 노동의 수요와 공급은 모든 사람들이 충분한 정보를 가지고 있다고 가정하여 실질임금 W/P에 전적으로 의존한다. 또한 노동시장은 화폐임금의 완전 신축적인 조정에 의해 수요와 공급이 항상 일치하므로 노동시장은 언제나 균형 상태에 있을 수 있다고 가정한다. 그래서 고전학파는 수직적인 총체적 공급곡선을 갖게 된

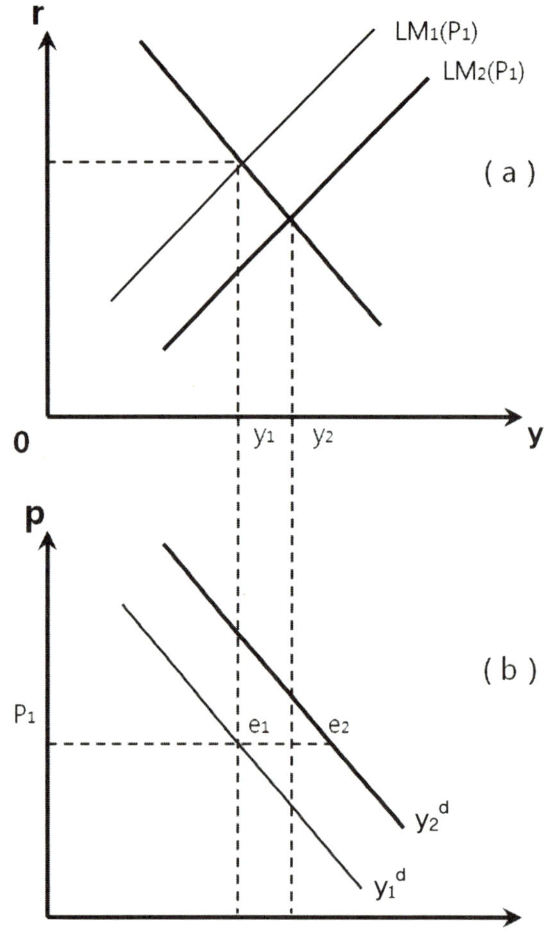

[그림 6.3] 화폐스톡변화가 실질소득에 미치는 효과

다. 산출량은 전적으로 공급측면에 의해 결정 된다. 정부지출, 조세, 화폐스톡 등의 수요측면의 요인들은 균형소득에 영향을 주지 못한다.

그림 6.4에서는 노동시장에 고전학파의 가정 하에 정부지출의 변화에 따른 총체적 수요곡선의 이동이 가져오는 효과가 나타나있다. 정부지출의 증가는 그림 (a)에서 IS 곡선을 IS_1에서 IS_2로 이동 시킨다. 만약 물가수준이 일정하다면 실소득은 y_1에서 y_2로 증가할 수 있다.

초기의 공급측면의 균형이 그림 (b)의 E_1점에 머물러있다면 정부지출증가로 인해 수요측면의 균형은 E_2로 이동될 것이다. 따라서 초과수요가 발생하고 물가수준은 상승한다.

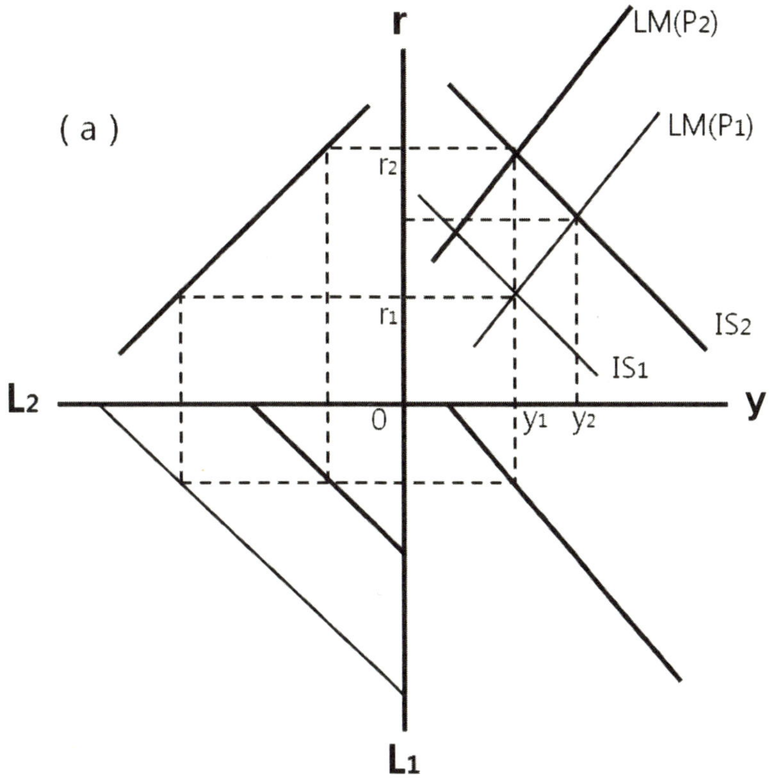

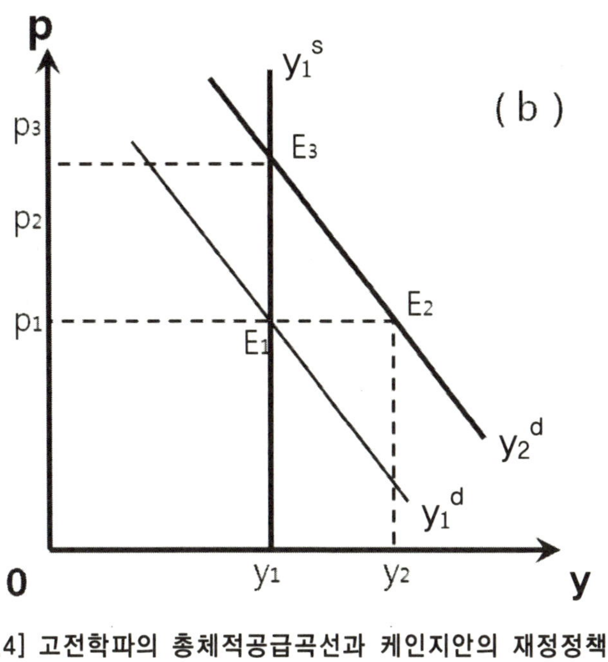

[그림 6.4] 고전학파의 총체적공급곡선과 케인지안의 재정정책의 결합

물가수준은 수요가 초기 실질소득수준인 y_1로 될 때까지 상승해야만 한다. 고전학파의 수직적 공급곡선을 고려한다면, 물가수준 상승은 P_2수준까지 상승해야 멈추게 된다. 그래서 결국 실질소득수준에는 변화가 없고 물가만 P_1에서 P_2로 상승하게 된다. 그림 (a)에서 살펴볼 때 IS 곡선의 이동으로 초과수요가 발생하여 물가가 상승하면 LM 곡선이 이동하게 된다. 그러나 그림 (b)에서와 같이 고전학파의 수직적 공급 곡선을 고려한다면, 그림 (a)에서도 LM 곡선이 LM(P_1)에서 얼마만큼을 좌측으로 이동하는가에 대한 답은, 초기의 실질소득수준인 y_1로 돌아갈 때까지 즉 LM(P_1)에서 LM(P_2)로 이동하여 최후의 수요측면의 균형이 실질소득수준 y_1에서 이루어지게 될 때까지이다.

케인지안 모형체계의 중요한 특징은 총체적 수요에 관한 이론이며 총체적 수요가 산출량과 고용에 영향을 미칠 수 있다는 것이다. 총체적 공급곡선이 수직의 형태로 나타나는 고전학파 모형 체계에서는 총체적 수요가 산출량과 고용의 결정에 아무런 영향을 주지 못한다. 이 같은 상이한 두 모형 체계는 서로 양립하기 힘들다는 결론에 도달한다.

6.3 케인지안의 계약이론

케인즈는 단기에 있어 화폐임금은 완전고용상태로 유지시킬 수 있을 만큼 충분히 조정되지 못한다고 생각했다. 고전학파에서는 화폐임금이 신축적이라는 가정을 하고 있다. 노동의 공급과 노동수요는 실질임금의 함수이며 화폐임금의 조정은 노동공급과 노동수요를 일치시키기 위해 필요한 것이다. 케인지안 이론은 화폐임금이 하방으로 신속하게 조정되지 못하고 경직 된다고 생각했는데 그 이유는 다음과 같다.

첫째, 케인즈는 노동자들은 그들 자신의 임금수준뿐 아니라 상대방의 임금수준에도 매우 높은 관심을 갖고 있다고 했다. 노동공급자들은 그들의 직무와 숙련도 등이 노동자들 간에 격차를 갖고 있으므로 노동자들 간의 임금격차는 존재할 수밖에 없다고 했다.

노동에 대한 수요가 감소하더라도 노동자들이 화폐임금인하에 저항

하게 되는 이유 중의 하나는 임금인하가 기존의 당연한 임금격차를 파괴한다고 생각했기 때문이다. 즉 노동자들은 노동자간에 존재하는 임금격차는 자연스러운 것이며 임금 인하는 기존의 이 같은 자연스러운 임금격차를 파괴하는 행위이고 상대적 임금체계를 불공평하게 만든다고 생각한다고 했다. 그러나 노동자들은 물가 상승에 따른 실질임금의 하락이 상대적 임금 구조에는 영향을 미치지 않는다고 생각했다. 따라서 케인즈는 물가상승에 기인한 실질 임금의 하락이 화폐임금의 하락으로 인한 실질임금의 동등한 하락보다 노동자에게 훨씬 적은 저항을 받는다고 믿었다.

둘째, 노동조합과 같은 제도적 측면이다. 노동조합이 존재하는 기업 혹은 산업체에서는 임금이 대부분 2~3년간의 장기계약에 의해 결정된다. 이 같은 계약은 노동자들로 하여금 계약기간동안 일정한 화폐임금수준을 지속시키는 이유가 된다.

셋째, 화폐임금을 고정시킨다는 명시적 계약이 없다하더라도 노동의 수요자와 공급자간에는 상당한 기간에 걸쳐 화폐임금을 고정시킨다는 묵시적 계약이 존재하는 경우는 흔히 있는 것이라고 했다. 또한 그 기업이 생산해낸 산출물에 대한 수요가 감소하고 이에 따라 노동수요가 감소함에도 불구하고 노동수요자로 하여금 화폐임금을 인하시키지 못하게 하고 있다. 기업이 수요의 감소에 대응하여 화폐임금을 인하하려하기보다는 노동시간의 감축을 통하여 또는 일시적으로 노동자들을 해고 시키는 것에 보다 많은 관심을 갖는 것이 미국 노동시장의 관례라고 케인지안들은 생각했다.

위의 계약이론을 모형화 하기 위해서 물가는 자유롭게 변화하는 반면 화폐임금은 고정되어 있다고 가정한다. 화폐임금이 고정되어 있다는 것은 경직된 임금에 대한 극단적인 경우에 해당한다.

그러나 케인지안들도 화폐임금은 단기에서조차 완전히 경직적인 것으로 생각하지는 않는다.

노동시장의 조건에 따라 화폐임금의 반응이 서서히 나타난다면 노동시장에 대한 계약이론 모형이 제시한 것처럼 화폐임금이 고정이라는 가정에 기초한다는 것에 대하여는 대체적으로 큰 무리는 없을 것으로 보인다. 이 같은 생각은 화폐임금이 노동시장을 청산시키기 위해 즉각적으로 반응한다고 보는 고전학파의 사고보다는 확실히 현실에 더욱 가까운 것이라 할 수 있다. 또한 화폐임금이 하방 경직성을 갖는 고정 임금 모형을 적용하고자 하는 유일한 상황은 노동의 초과공급이 존재하는 즉 실업이 존재하는 상황이다. 그림 6.5에서 보는바와 같이, 화폐임금이 고정되어 있고 노동의 공급이 수요보다 클 경우 실제로 고용되는 것은 노동수요함수에 따른다.

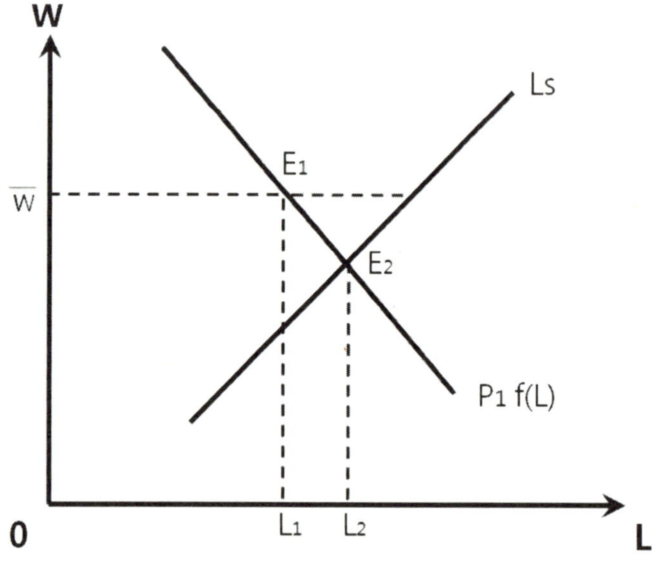

[그림 6.5] 고정된 화폐임금 하의 고용량

그림에서 보는바와 같이 노동수요함수를 $P_1 \cdot f(L)$이라하자. 물론 f(L)은 노동의 한계생산물 MP_L을 나타낸다. 그리고 노동공급을 L^S라 하자. 화폐임금이 $\overline{W}$에 고정되어 있지 않는다면 균형은 E_2가 되고 고용량은 L_2가 될 것이다. 그런데 화폐임금이 $\overline{W}$에서 결정되면 실제로 고용되어지는 고용량은 L_1이 된다.

그림 6.6은 고정화폐임금 $\overline{W}$하에서 물가수준이 P_1에서 P_2, P_3로 상승할 때 실질소득이 어떻게 변화하는가를 나타내 주고 있다. 그림 (a)에서 초기의 노동수요곡선은 $P_1 \cdot f(L)$이다. 이때 물가 수준의 상승에 따라 노동수요곡선은 $P_2 \cdot f(L)$, $P_3 \cdot f(L)$로 우측으로 이동된다.

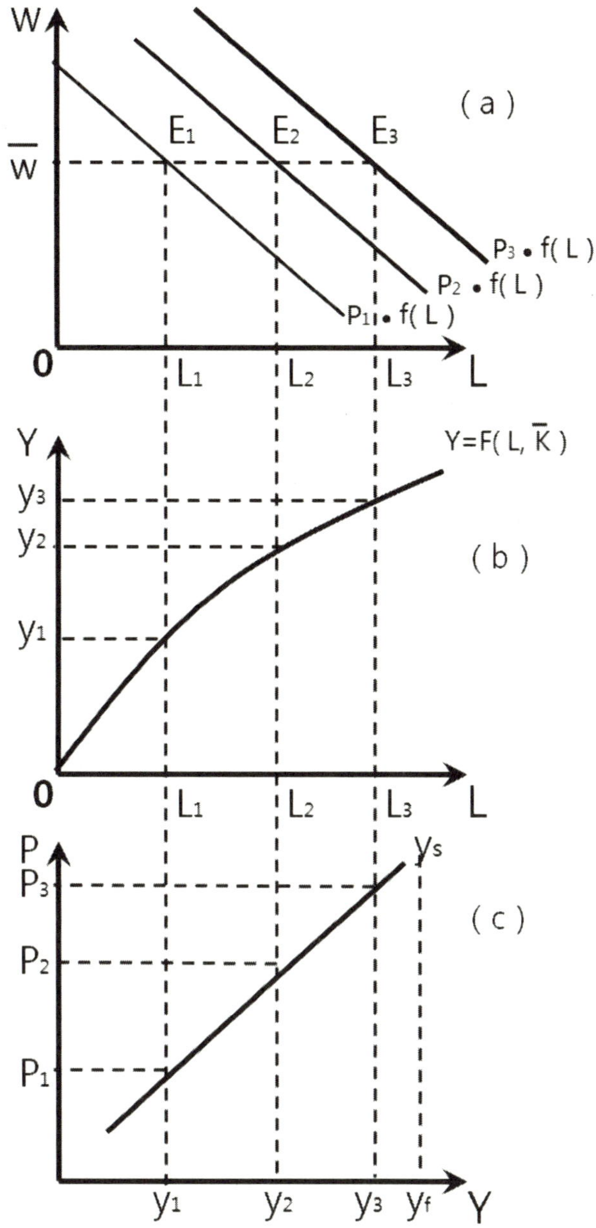

[그림 6.6] 고정된 화폐임금과 총체적 공급곡선

이에 따라 고정화폐임금수준과 만나는 점 E_1 E_2 및 E_3에 의해 고용수준은 L_1, L_2 그리고 L_3로 결정된다.

그림 (b)에서는 이와 같은 고용량이 단기 생산함수에 의해 실질소득수준 y_1, y_2 및 y_3로 전환되어진다.

그림 (c)에서는 물가수준의 변화 P_1, P_2, P_3에 따른 실질소득수준의 변화 y_1, y_2, y_3의 조합점들을 연결한 총체적 공급곡선 y^S가 나타나있다.

그림 (c)에서 총체적 공급곡선은 우 상향한다. 이는 경직된 임금을 가정하는 고전학파 모형의 경우와 동일하다. 고전학파에서는 어떤 소득수준 즉 그림 (c)의 y_F에서 완전고용이 이루어지면 그 이후 물가가 상승하더라도 산출량에는 아무런 영향을 주지 못하므로 y_F수준에서 수직인 총체적 공급곡선을 갖게 된다.

그러나 케인지안 모형에서는 그림 6.7 및 그림 6.8에서와 같이 총체적 수요곡선의 이동에 의해 산출량은 변화가 가능하다. 여기에서는 정부지출의 증가와 화폐스톡의 증가에 따른 효과를 보여주고 있다. 그림 6.7의 (a)는 초기 IS_1곡선과 $LM_1(P_1)$곡선의 교차점인 E_1에서 수요측면이 균형을 이루고 있다. 이때 화폐스톡을 증가시키면 $LM_1(P_1)$곡선 이 $LM_2(P_1)$곡선으로 이동한다. 수요측면의 균형은 E_2로 이동하게 된다.

그림 (b)에서 살펴보면 초기에 총체적 수요곡선 $y^s{}_1$와 총체적 공급곡선 $y^d{}_1$의 교차점인 e_1에서 경제가 균형 상태에 도달해 있었다. 이때 화폐스톡의 증가로 그림 (a)에서와 같이 LM 곡선이 $LM_2(P_1)$까지 이동하여 새로운 수요측면의 균형점 E_2를 낳게 하였고 소득수준은 y_2로 증가하였다.

이는 그림 (b)에서 초기 수요측면의 균형이 초기 총체적 수요곡선상의 e_1에서 새로운 수요곡선 $y^d{}_2$의 e_2점으로 이동하게 됨을 의미한다. 따라서 초기물가수준인 P_1수준에서 살펴보면, 수요는 e_2고 공급은 여전히 e_1에 머물러 있다. 이는 초과수요를 발생시키고 물가수준을 P_2까지 상승시키게 된다.

이제 다시 물가상승 압력은 화폐시장에서 실질화폐공급량을 줄이게[1)]된다. 따라서 LM 곡선은 다시 왼쪽으로 이동하게 되어 $LM_3(P_2)$까지 이동한다. $LM_1(P_1)$이 $LM_2(P_1)$까지 LM 곡선이 이동한 원인은 화폐스톡

1) M^s/P에서 P가 상승하게 되면 M^s/P 즉 실질화폐공급량은 감소하게 된다.

의 증가에 의한 것이었고 이에 따른 초과수요로 인해 물가상승 압력은 $LM_2(P_1)$을 $LM_3(P_2)$로 이동시켰다. 그림 (a)의 E_2에서 E_3로의 이동은 물가가 P_1에서 P_2로 상승하기 때문이고 이는 수요측면의 균형을 y_2에서 y_3로 감소시키는 결과를 가져왔다. 따라서 E_3에서는 물가수준은 P_2, 소득은 y_3이다. 그림 (b)에서 살펴보면, 균형점 e_2에서 초과수요로 인한 물가상승 압력은 실질소득수준을 y_2에서 y_3로 줄이는 결과를 가져와 결국 새로운 총체적 수요곡선 y^d_2상의 e_3점으로 균형점이 이동 되었다.

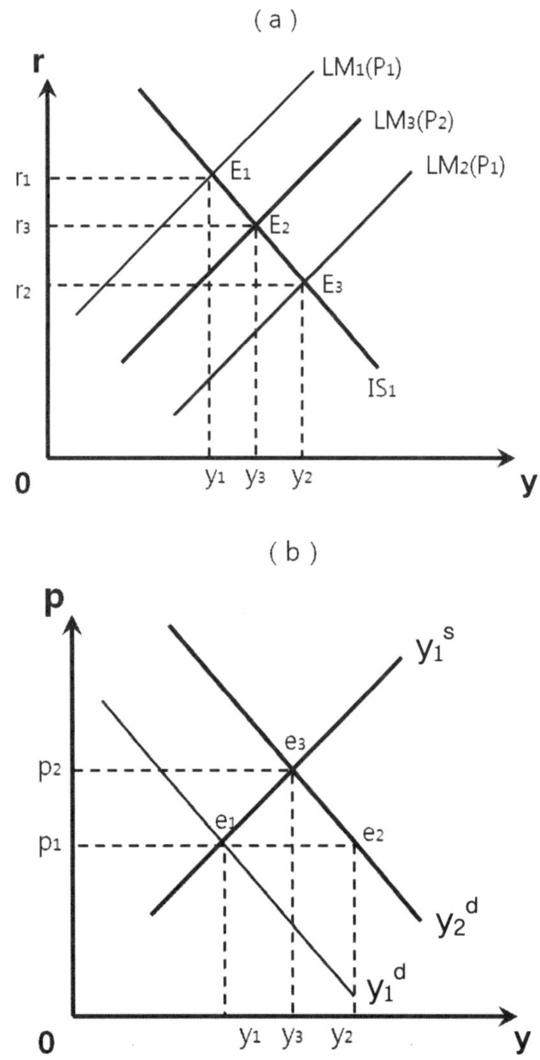

[그림 6.7] 화폐스톡의 증가 효과

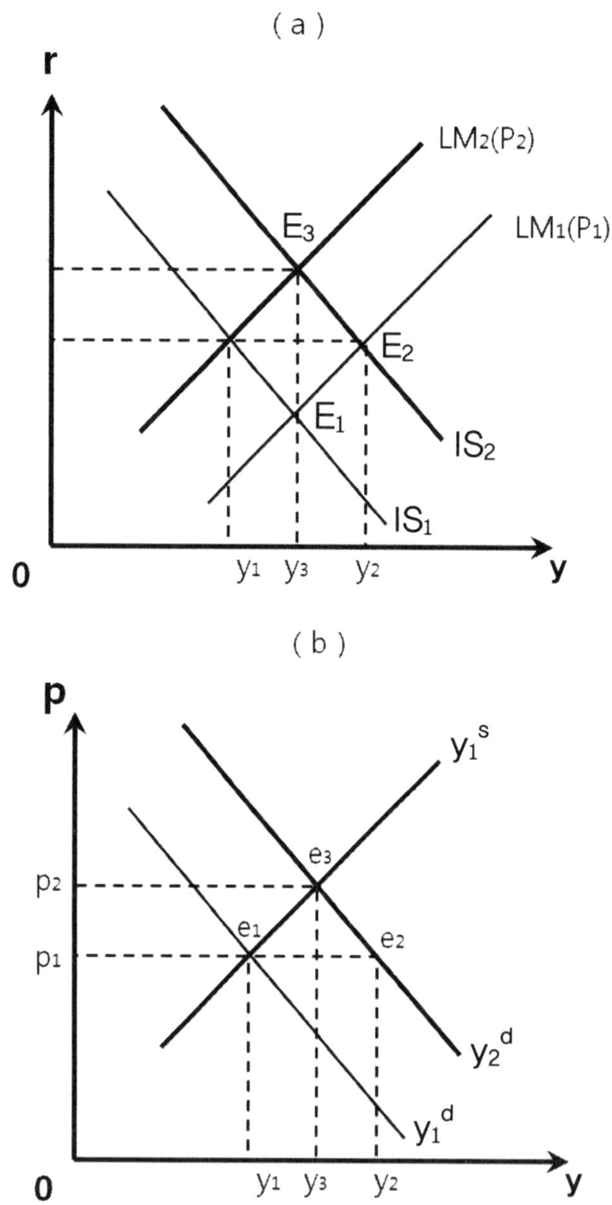

[그림 6.8] 정부지출증가의 효과

그림 6.8의 (a)에서 초기 수요측면의 균형은 초기 IS_1 곡선과 LM_1 (P_1)곡선의 교차점인 E_1에서 이루어 졌다. 이때 정부지출이 증가하면 IS 곡선이 IS_1에서 IS_2로 이동하게 된다. 따라서 균형소득은 y_1에서 y_2로 증가하게 된다. 이를 그림 (b)에서 살펴보면 초기 경제의 균형은,

총체적 공급곡선 y^s_1와 총체적 수요곡선 y^d_1의 교차점인 e_1에서 이루어져 있다. 그리고 정부지출의 증가는 그림 (a)에서 살펴보았듯이 실질소득수준을 y_1에서 y_2로 증가시켰다.

이를 그림 (b)로 해석하면, 초기물가수준 P_1수준에서 정부지출증대로 실질소득수준이 y_1에서 y_2로 증가하게 되었다. 이는 수요측면의 균형점을 e_1에서 e_2로 이동시킨 것을 뜻한다. 즉 새로운 총체적 수요곡선 y^d_2상의 e_2로 균형점을 이동됨을 의미한다.

초기 경제의 균형 상태에서 공급측면의 균형은 e_1이였고, 정부지출 증가로 인해 수요측면의 균형은 e_2로 이동하였으므로 P_1의 물가수준에서 초과수요가 발생하고 물가수준은 P_1에서 P_2로 상승하게 된다. 물가상승은 그림 (a)에서 LM 곡선을 $LM_1(P_1)$에서 $LM_2(P_2)$로 이동시켜 수요측면의 실질소득수준은 y_2에서 y_3로 줄이게 된다. 즉 P_1에서 P_2로의 물가상승은 실질소득을 y_2에서 y_3로 줄이게 되어 결국 e_3에서 다시 균형 상태에 도달하게 된다.

6.4 가변적인 화폐임금과 노동공급

6.4.1 고전학파와 케인지안의 노동공급

고전학파의 노동공급은 다음과 같이 정의할 수 있다.

$$L^s = g(W/P) \quad \text{(6.3)}$$

고전학파는, 실질임금의 증가는 시간당 실질노동소득을 증가시키고 여가의 기회비용을 증가시킨다. 따라서 실질 임금의 증가는 노동공급을 증가시킨다고 가정하였다. 노동자들은 물가수준과 화폐임금을 알고 있으므로 실질임금도 알고 있으며 완전 신축적인 화폐임금은 노동공급과 노동수요를 일치시킬 수 있도록 조정된다고 가정하였다.

그러나 케인지안은 임금협상은 실질임금이 아닌 화폐임금으로 이루어진다는 생각으로부터 출발한다. 노동계약은 화폐임금으로 이루어지므로 화폐임금은 알 수 있으나 물가수준은 정확히 알지 못한다는 가정이다. 케인지안은 노동공급량의 결정은 현재의 화폐임금수준과 물가수준에 대한 예상에 의존한다고 믿는다. 그리고 물가수준에 대한 예상은 일반적으로 과거의 물가 동향에 의존한다고 보고 있다. 따라서 노동공급자들은 물가의 변화에 대한 충분치 못한 정보를 통해 화폐임금을 협상하는 것으로 간주한다. 케인지안의 노동공급은 다음과 같이 정의할 수 있다.

$$L^s = h(W/P^e) \quad \cdots\cdots (6.4)$$

여기에서 Pe는 물가수준에 대한 예상을 의미한다. 즉 $P^e = f(P)$이다.

위에서 언급한바와 같이 P^e는 과거의 물가동향에 의존하며 실제물가수준 변화에 대한 노동공급자들의 물가예상은 실제물가수준 변화를 완벽히 인지할 수 없다고 생각한다. 그래서 실제물가수준 변화에 대해 예상물가수준의 변화율은 다음과 같다.

$$0 < \frac{dP^e}{aP} < 1$$

6.4.2 화폐임금이 가변적인 경우 케인지안의 총체적 공급곡선

케인지안은 노동공급자들 간의 자연스러운 임금격차의 존재, 노동조합과 같은 제도적 요인 그리고 묵시적 계약 등의 이유 때문에 화폐임금이 가변적일 수 없다고 했다. 그러나 여기에서는 화폐임금이 가변적인 경우에 케인지안의 총체적 공급곡선은 어떤 모양을 하는지를 살펴보기로 한다.

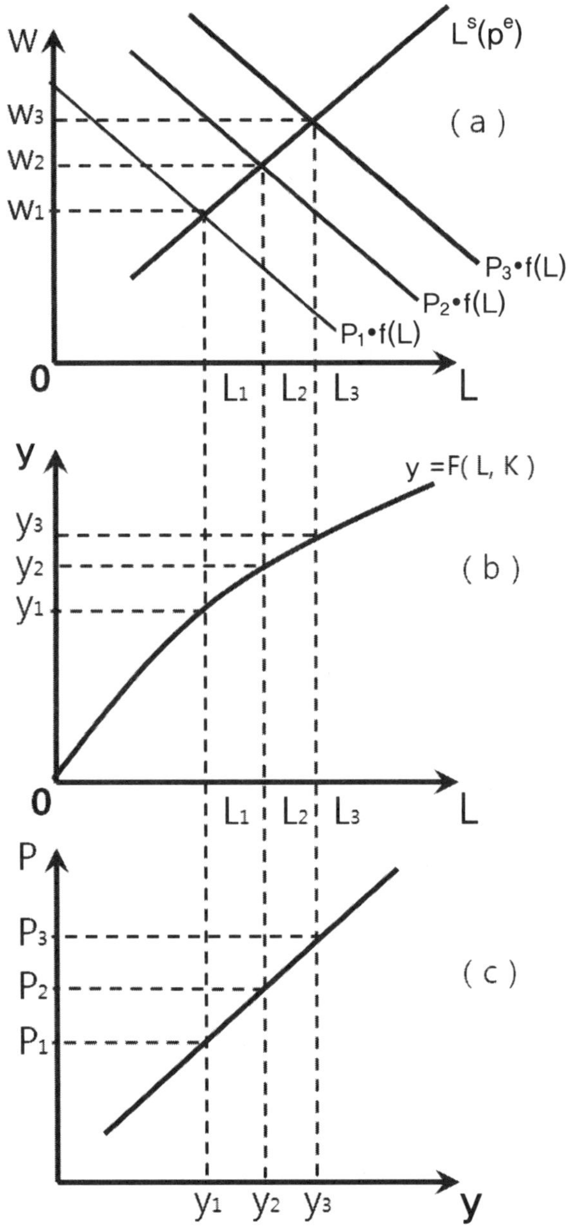

[그림 6.9] 가변적 화폐임금 하의 케인지안의 총체적 수요곡선

그림 6.9에는 노동공급과 노동수요함수가 화폐임금의 함수로 간주했다. 노동수요는 실질임금에 의존한다고 가정하며 노동수요자들은 생산물을 판매할 수 있는 물가수준을 잘 알고 있다고 가정한다. 노동수요곡선은 물가수준이 상승하면 우측으로 이동하게 된다. 노동공급곡선은 예상된 물가수준의 함수로써 그려지고 있다. 그런데 예상물가수준 P^e는 단기에서는 고정되어 있다고 가정한다. 따라서 노동공급곡선은 고정이다.

그림 6.9의 (a)에서 물가수준이 P_1에서, P_2, P_3로 상승하게 되면 노동수요함수는 $P_1 \cdot f(L)$에서 $P_2 \cdot f(L)$, $P_3 \cdot f(L)$로 우측이동하게 된다. 그러나 노동공급은 단기에 고정되어 있는 예상물가에 대한 함수로 되어 있어 물가수준변화에도 불변이다. 따라서 노동시장에서의 균형점은 E_1에서 E_2, E_3로 이동된다. 그리하여 물가수준상승에 따라 고용수준은 L_1, L_2, L_3로 증가한다. 그림 (b)에는 단기 생산함수를 통해 고용량 L을 실질소득 y로 전환시킬 수 있어 L_1은 y_1로 L_2는 y_2로 그리고 L_3은 y_3로 전환이 가능하다. 그림 (c)에서는 그림 (a)의 물가수준변화에 따른 고용수준의 변화를 그림 (b)를 통해 물가수준변화가 가져온 실질소득의 변화와의 조합 점을 나타낸다. 즉 물가수준과 실질소득의 조합 점들의 궤적인 총체적 공급곡선 y^s가 유도되어져 있다. 화폐임금이 가변적이라 하더라도 총체적 공급곡선은 수직이 아닌 우상향의 모양을 갖게 된다.

6.4.3 정책효과

화폐임금이 가변적이더라도 케인지안의 총체적 공급곡선은 우 상향으로 총체적 수요곡선을 이동시키는 수요측면의 정책은 산출량 수준에 영향을 미치게 된다. 이 경우 정책효과는 어떠한가? 그리고 화폐임금이 고정인 경우의 정책효과와는 어떻게 다른가를 살펴보기로 한다.

그림 6.10에는 화폐임금이 $\overline{W}$에서 고정된 경우와 가변적인 경우, 케인지안의 총체적 공급 곡선을 유도해 보았다. 먼저 화폐임금이 $\overline{W}$로 고정되어 있는 경우를 살펴보기로 한다. 그림 (a)에서 초기 노동수요

함수는 $P_1 \cdot f(L)$이고 노동공급함수는 $L^s(W = \overline{W})$이다. 노동시장의 균형은 A점에서 이루어지지만 화폐임금이 $\overline{W}$로 고정되어 있으므로 노동공급은 아무 역할도 할 수 없다. 따라서 초기의 균형은 B_1점에서 이루어진다. 이때 물가가 P_1에서 P_2로 상승하면 노동수요함수는 $P_1 \cdot f(L)$에서 $P_2 \cdot f(L)$으로 우측으로 이동한다. 물론 이 경우에도 노동공급은 아무런 역할을 할 수 가없다. 그러므로 $\overline{W}$의 화폐임금수준에서 물가상승에 따른 노동수요함수가 $P_2 \cdot f(L)$이므로 균형점은 B_2가 된다. 따라서 고용량은 L_3이다. 그러므로 화폐임금이 $\overline{W}$에서 고정된 경우, 물가가 P_1에서 P_2로 상승하면, 고용수준은 L_1에서 L_3로 증가함을 알 수 있다.

이번에는 가변적인 화폐임금일 경우를 생각해보자. 분석의 편의를 위해 초기 노동공급곡선은 L^s(W는 가변적)이고 노동수요곡선은 $P_1 \cdot f(L)$이다. 이때 물가수준이 P_1에서 P_2로 상승하게 되면 노동수요곡선은 $P_2 \cdot f(L)$로 이동하게 되는데 노동공급은 L^s(W는 가변적)에서 움직이지 않는다. 따라서 새로운 균형점은 A_2가 된다. 따라서 새로운 화폐임금은 W_2가 된다.

이 같은 과정이 그림 (c)에 물가수준 P와 실질소득 y의 관계로 나타나있다. 화폐임금이 $\overline{W}$에 고정된 경우, 초기 균형은 물가수준 P_1이고 고용량은 L_1이다. 고용량은 L_1은 그림 (b)의 단기 생산함수를 통해 실질소득으로 전환하면 y_1의 소득수준을 나타낸다. 따라서 초기균형을 물가수준과 소득수준으로 표현하면 $P_1\ y_1$이 되며 그림 (c)의 E_1점에 해당한다. 그림 (a)에서 물가가 P_1에서 P_2로 상승하면 균형점은 B_2가 되며 B_2는 물가가 P_2고 고용량 L_3이다. 이는 물가 P_2, 실질소득 y_3로 해석할 수 있다.

이 같은 균형점은 그림 (c)의 E_3점에 해당한다. 따라서 화폐소득이 $\overline{W}$에 고정된 경우 물가가 상승하면 실질소득은 y_1에서 y_3로 상승하여 균형점은 E_1에서 E_3로 이동된다. 이 두 점을 연결하면 고정된 화폐소득 하에서의 케인지안의 총체적 공급곡선이 된다.

한편 화폐임금이 가변적인 경우 초기의 노동시장 균형은 그림 (a)의 B_1점 즉 물가 P_1, 실질소득 y_1에서 이루어진다. 이때 물가가 P_1에서 P_2로 상승하면 균형점은 A_2로 이동된다. A_2점은 물가 P_2고 고용수준은 L_2이다. 이는 물가 P_2, 실질소득 y_2에 해당된다. 그러므로 이 같은 변화를 물가와 실질소득의 변화로 해석하면, 그림 (c)에서 E_1점에서 E_2점으로의 이동으로 나타난다. E_1점과 E_2점을 연결한 y^s(W는 가변적)곡선이 화폐임금이 가변적인 경우의 케인지안의 총체적 공급곡선이다.

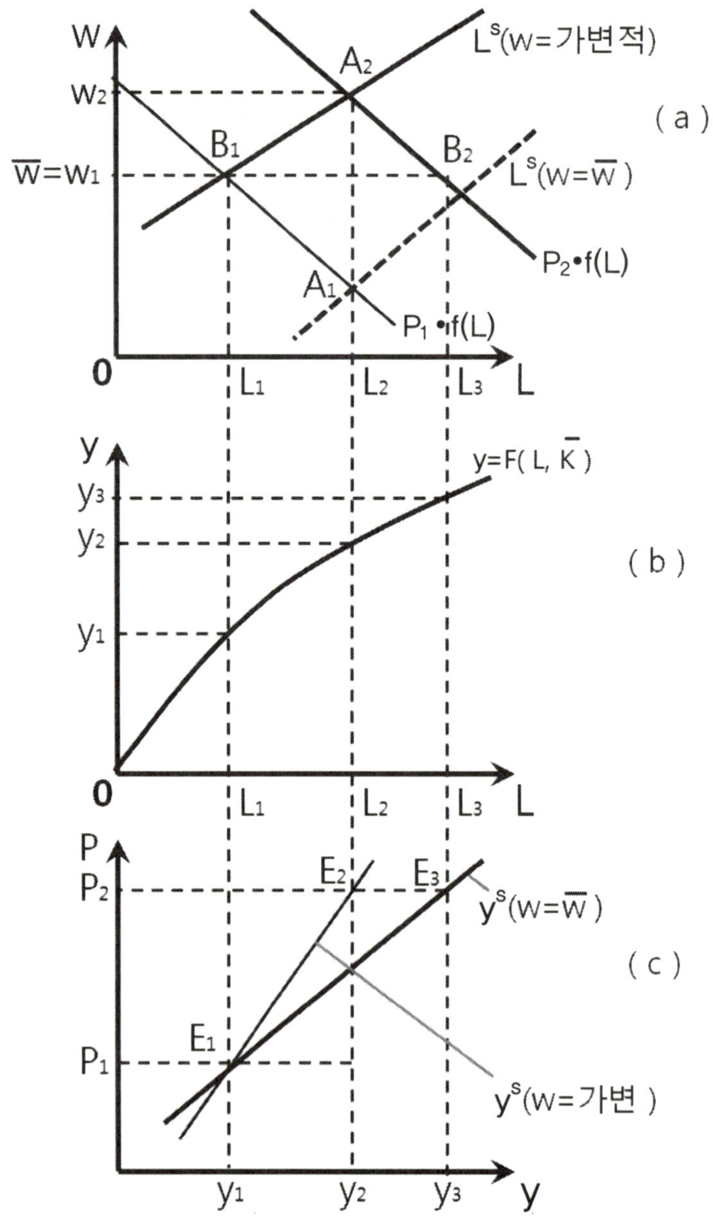

[그림 6.10] 화폐임금과 케이지안의 총체적 공급곡선

이상의 내용을 종합해 보면 화폐임금이 고정되어 있는 경우의 케인지안의 총체적 공급곡선은 화폐임금이 가변적인 경우의 케인지안의 총체적 공급곡선보다 그 기울기가 완만하게 나타난다는 것을 알았다.

그렇다면 이와 같은 두 가지의 경우에 정부지출 증가나 화폐스톡의 증가와 같은 확장재정정책 혹은 확장 금융정책을 실시할 경우 그 효과는 어떠한지에 대하여 살펴볼 차례이다.

확장재정정책 혹은 확장 금융정책은 총체적 수요곡선을 그림 6.11에서와 같이 y_1^d에서 y_2^d로 이동한다. 그림에서도 알 수 있듯이, 화폐임금이 고정된 경우에는 실질소득이 y_1에서 y_3로 증가하고 가변적인 화폐임금의 경우 실질소득은 고정된 화폐임금의 경우보다 적은 y_4까지 증가한다.

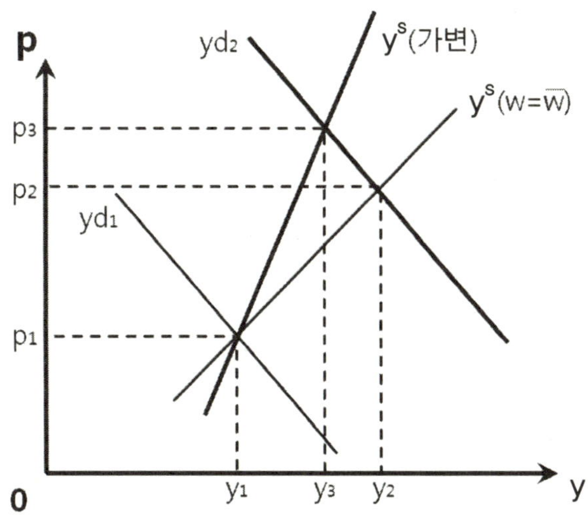

[그림 6.11] 화폐임금과 총체적수요곡선의 이동효과

6.5 총체적 공급함수의 이동요인

총체적공급곡선을 이동시키는 요인을 살펴보는 것은 아주 중요한 문제이다. 개별공급곡선을 수평으로 합하면 시장공급곡선이 된다. 개별공급곡선은 완전경쟁인 경우 재화의 가격 P와 한계비용 MC를 일치시켜 단기에 있어 이윤 극대화 원리를 반영함을 기억해야 한다. 단기 생산 함수에서 가변생산요소는 노동이다. 노동을 추가로 고용하면 추가된 가변 생산요소인 노동에 의해 산출물을 만들어내게 된다. 이때 노동 1단위를 추가로 고용할 때 증가되는 산출물의 양을 노동의 한계생산물 MP_L(marginal product of labor)이라 한다. 그리고 이때 산출물 1개를 추가로 생산하기 위해 들어가는 비용의 추가분을 한계비용이라 부른다.

어떤 기업에 고용된 노동자들이 100명이 있다고 가정하자. 이때 이 기업이 추가로 노동을 1단위(여기서는 1인이라고 가정하자) 고용한다고 하자. 그리고 추가로 고용된 노동 1단위가 1개월간 생산해낸 산출물의 양이 1,000개라고 가정하자.

그러면 노동의 한계생산물 $MP_L = \Delta TP/\Delta L$(L은 노동, TP는 총 생산물)이다. 즉 MP_L = 1,000개 생산/1인을 추가로 고용 = 1,000개이다.

이때 그 생산물의 1개당 가격은 5,000원이고 화폐임금은 500만원이라고 하자. 그러면 1개를 추가로 생산하는 데에는 얼마만큼의 추가비용이 들어가겠는가? 500만원/1,000개 = 5,000원이다.

1개를 추가로 생산하는데 들어가는 추가비용인 한계비용 MC가 5,000원이다. 그리고 생산물의 가격이 개당 5,000원이므로 이것이 추가로 1개를 더 판매할 때 들어오는 추가적인 한계수입 MR이 된다.

즉 P = MR = MC가 성립된다.

그런데 노동의 한계생산물은 고용을 증대시킬수록 감소한다. 그리고 노동을 추가로 고용하기위해서는 앞에서 살펴본바와 같이 화폐임금이 상승되어져야만 한다. 이는 산출량을 증가시킴에 따라 한계비용 MC를 증가시키는 요인이 된다. 즉 생산물을 증가시키기 위해 고용을 증가 시킬 때, 한계생산물 MP_L은 점차로 감소하고 화폐임금은 점차로 상승되어지는 요인은 총체적 공급곡선을 이동시키게 된다.

그림 6.12에서 총체적공급곡선이 y_1^s에서 y_2^s 및 y_3^s로 왼쪽으로 이동하는 것을 볼 수 있다.

총체적 공급곡선 y_1^s와 y_2^s를 비교해 보면, y_2^s는 주어진 가격수준 P_1에서 생산량을 줄이든지(y_1에서 y_2로 감소) 또는 y_1의 동일한 산출량이라면 P_1보다 더 높은 P_2의 가격에서만 생산을 한다는 것을 의미한다. 주어진 산출량 수준에서 MC를 증가시키는 요인이 존재한다면 총체적 공급곡선을 왼쪽으로 이동시키게 된다. 그림 6.11에서 보듯이 주어진 산출량수준에서, MC가 상승하면 이윤극대화를 위해 P도 상승해야 하므로 총체적 공급곡선이 좌측으로 이동하게 되는 것이다. 또한 주어진 산출량수준 하에서 MC가 증가하면 기존의 가격수준을 그대로 유지하기위해서는(이윤 극대화) 산출량을 감소시켜야 한다. 산출량 감소는 MP_L이 증가하고 화폐임금 W가 감소하게 되므로 MC가 감소하게 되어 이윤 극대화 조건을 충족시키게 된다.

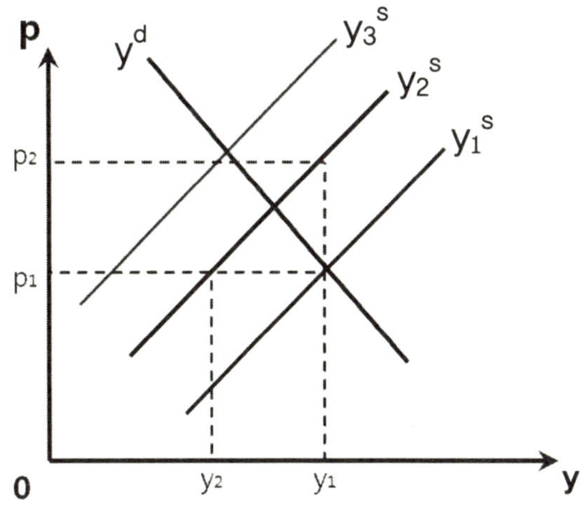

[그림 6.12] 총체적 공급곡선의 이동

또한 주어진 산출량 수준에서 한계비용 MC를 증가시키는 요인을 비용 상승 요인이라 하는데, 이 같은 비용인상 요인은 주어진 고용수준 하에서 노동자 측이 요구하는 화폐임금수준에 영향을 미치게 된다. 이것들은 노동공급곡선을 이동시키는 요인이다.

지금까지는 노동공급곡선을 이동시키는 요인으로서 물가수준에 대한 노동자들의 예상 P^e의 변화만을 다루었다. 앞에서 P^e가 과거 물가 P의 변화에 의존하므로 단기에서는 P^e는 일정하다고 가정하였다. 그러나 일정기간동안 새로운 정보가 노동자들에게 제공되어 그들의 예상물가에 대하여 예전과 다른 훌륭한 정보를 가질 수 있다면 예상물가의 변화는 다르게 나타날 수 있다.

그림 6.13에 새로운 정보에 의해 물가수준의 증가를 예상할 수 있다는 가정 하에서 이것이 노동공급과 총체적 공급곡선에 미치는 영향이 나타나있다.

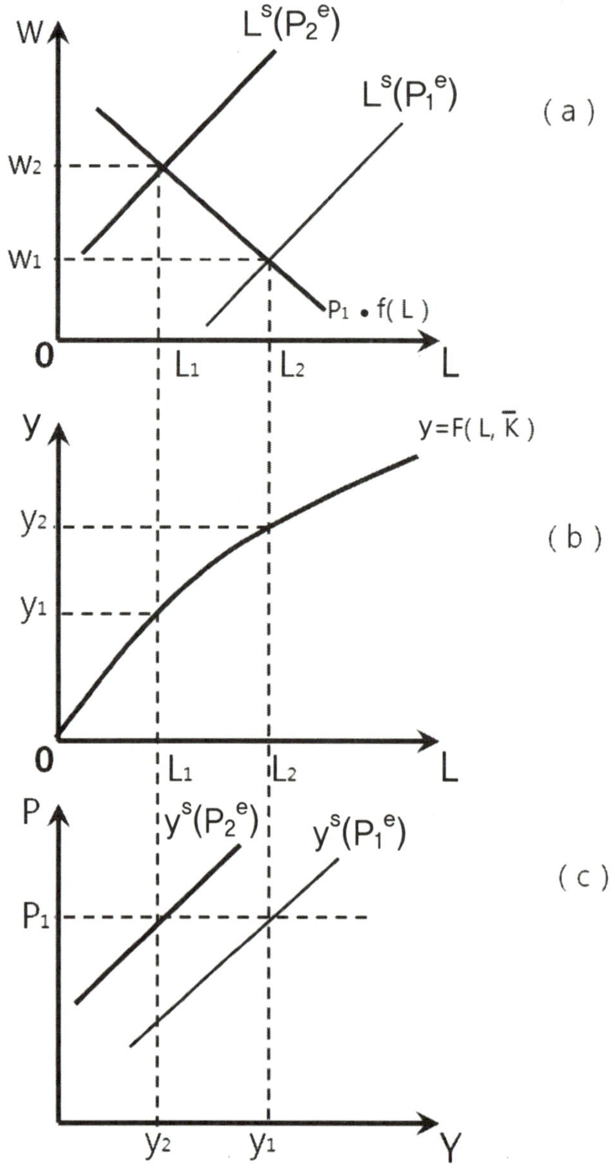

[그림 6.13] 예상물가수준 변화와 총체적 공급곡선

초기의 노동수요곡선은 $P_1 \cdot f(L)$, 노동공급곡선은 $L^s(P_1^e)$이다. 노동자들이 과거의 물가수준의 변화를 고려하여 현재의 예상물가수준이 P_1^e에서 P_2^e로 상승할 것이라고 노동자들이 예상을 한다고 가정하자. 이 때문에 노동공급곡선은 $L^s(P_1^e)$에서 $L^s(P_2^e)$로 좌측이동하게 된다. 기업의 입장에서 볼 때 일정한 노동공급량을 확보하기위해서는 보다 높은 화폐임금을 지불해야 한다. 노동공급곡선의 좌측이동으로 고용량은 L_1에서 L_2로 줄어든다.

그림 (b)에서는 현재의 물가수준 P_1 수준 하에서 노동공급곡선의 좌측이동으로 인한 고용량의 감소가 단기 생산함수를 통해 실질소득으로 전환된다. 즉 P_1물가수준에서 고용수준 L_1에서 L_2로의 하락은 그림 (c)에서 P_1의 물가수준에서 실질소득 y_1에서 y_2로의 감소를 보여주게 된다. 따라서 총체적 공급곡선은 $y^s(P_1^e)$서 $y^s(P_2^e)$로 이동하게 된다.

주어진 화폐임금에서 노동공급을 감소시키거나 혹은 주어진 노동공급량에서 화폐임금을 증가시키는 노동공급곡선의 좌측 이동은 총체적 공급곡선을 좌측으로 이동시킨다. 또한 생산요소 가격의 상승 또한 총체적곡선을 좌측으로 이동시킨다. 특히 1970년대 원유가격의 급등이 그 좋은 예라 할 수 있다. 원자재가격의 상승은 총체적공급 곡선에 직접적으로 영향을 줄 뿐 아니라 노동공급에 영향을 주어 간접적인 영향을 미치게 된다. 원유가격이 급등하면 국내물가를 상승시킨다. 국내물가가 상승하게 되고 다소간의 시간이 흐르게 되면 노동자들에 의해 물가상승이 인식되어진다.

따라서 노동자들은 총체적 물가수준에 대한 예상 P^e를 상승시키게 되어 노동공급곡선을 좌측으로 이동시키게 되고 총체적공급곡선도 좌측으로 이동시키게 된다. 이 같은 과정이 그림 6.13에 나타나있다.

초기 총체적수요곡선은 y_1^d, 그리고 총체적 공급곡선은 $y_1^s(P_1^e)$이다. 이때 원유가격이 상승하면 국내물가수준이 P_1에서 P_2로 상승하게 되어 총체적공급곡선은 $y_1^s(P_1^e)$에서 $y_2^s(P_1^e)$로 좌측이동하게 된다. 어느 정도 충분한 시간이 흐르면 노동자들도 물가상승을 충분히 인지하게 되어 노동공급곡선은 다시 노동자들의 예상 P^e 변화에 따라 $y_2^s(P_1^e)$에서 $y_2^s(P_2^e)$로 좌측이동하게 된다. 결과적으로 $y_1^s(P_1^e)$에서 $y_2^s(P_2^e)$로 이동하게 되어 실질소득은 y_1에서 y_3로 감소하고, 물가수준은 P_1에서 P_3로 상승하게 된다.

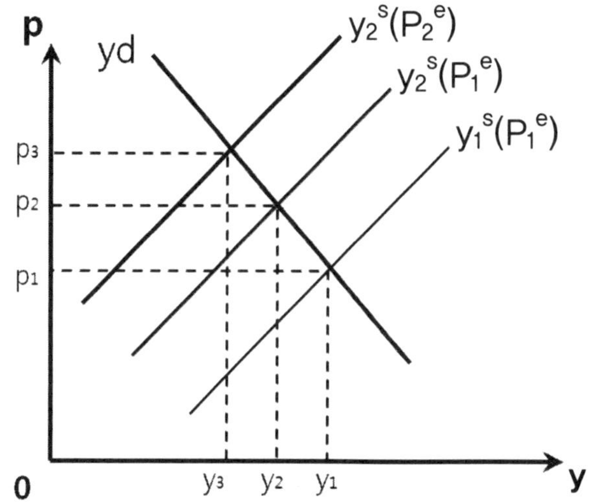

[그림 6.14] 원유가격상승과 총체적공급곡선의 이동

6.6 총체적 공급함수 이동과 대응정책

그림 6.15에서 초기 총체적 수요곡선은 y_1^d이고 총체적 공급곡선은 y_1^s이다. 이때 원유가격 상승 등의 이유로 총체적공급곡선이 y_1^s에서 y_2^s로 이동하였다. 초기 경제의 균형상태 하에서는 물가 P_1, 소득 y_1이었으나 총체적 공급곡선의 좌측이동으로 물가는 P_2로 상승했고 실질소득은 y_2로 감소했다.

이와 같은 현상은 실제로 1973년에서 1974년에 걸쳐 발생하였다. OPEC 원유가격은 1973년 9월부터 1974년 1월 사이에 270%나 상승하였다. 그리고 1973년에서 1975년 사이의 원유가격 상승폭은 422%였다. 전형적인 비용 상승효과(cost push effect)의 형태였다. 원유 수입국들은 산출량은 감소하고 물가는 상승하였다. 미국의 경우 1973년에서 1975년 사이 GNP는 1.8%감소했고 물가는 18.9%상승했다.

이 같은 공급충격은 정부로 하여금 이에 상응하는 대응책을 요구하게 된다. 그런데 대응정책의 목표를 어디에 두는가에 따라 수요측면에서의 대응책은 두 가지로 나뉜다. 만약 소득수준이 너무 감소해서 이를 원상으로 복귀시켜야하는 것이 제일 중요하다고 생각한다면 확장정책을 실시하여 총체적인 수요곡선을 y_1^d에서 y_2^d로 이동시키게 된다. 이 정책의 효과로 소득수준은 다시 y_1로 돌아갔으나 물가수준은 P_3로 더욱 높아졌다.

정부의 정책우선 목표가 물가안정에 있다면 그림에서와 같이 긴축정책을 시행하여 총체적 수요곡선을 y_1^d에서 y_3^d로 이동시키게 된다. 그러면 물가수준은 원래대로 복귀할 수 있지만 소득수준은 y_3로 더욱 감소하게 된다. 결국 공급충격에 대한 수요측면의 정책은 두 마리 토끼와 같아서 모두를 잡을 수는 없는 상황이 되고 마는 것이다. 이에 따라 신 케인지안들은 에너지 가격 상승으로 인한 총체적 공급곡선의 좌측이동을 직접적으로 상쇄시킬 정책을 수요측면이 아닌 공급측면에서 찾고자 했다. 이러한 정책은 주어진 산출량에 대한 한계비용 MC를 줄임으로써 총체적 공급곡선을 우측으로 이동시키고자 했다. 그래서 권고되어지는 정책으로서, 판매세 혹은 간접세 인하 그리고 사회보장세에 대한 기업 분담금을 줄이는 방법 등을 들 수 있다.

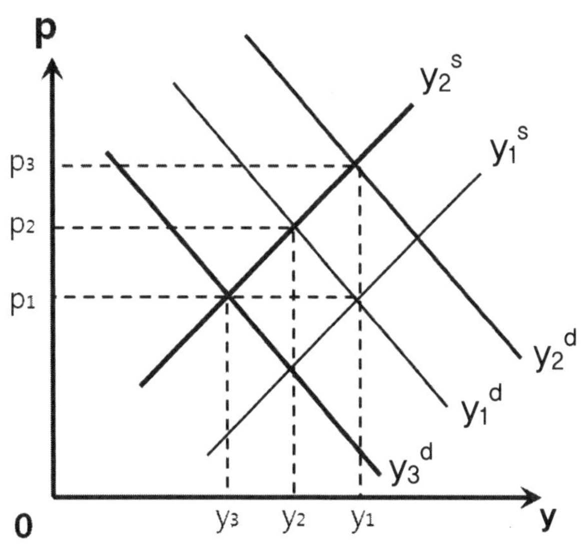

[그림 6.15] 총체적공급곡선이동과 대응정책

6.7 케인즈 그리고 고전학파

6.7.1 총체적 수요

고전학파는 확실한 체계적인 총체적 수요이론은 갖고 있지 못하다. 고전학파는 화폐수량 설로써 총체적 수요이론을 대신하고 있다. 화폐수량 설을 정리하면 다음과 같다.

$$M \cdot V = P \cdot y \quad \cdots\cdots (6.5)$$

위식은 소득거래에 촛점을 맞춘 교환방정식이다. 여기서 M은 화폐량이고 V는 화폐의 소득유통 속도로서 그 사회의 지불관습이나 지불방법에 의해 결정되는데 단기에 있어서는 고정된 것으로 간주할 수 있다고 했다. P는 단기간의 생산물의 물가지수이고 Y는 산출량 수준을 나타낸다. V가 고정적이라면 통화량 M이 주어질 경우 물가 P와 실질소득 y사이에 수많은 조합을 산출해낼 수 있는데 이 같은 조합점이 그림 6.15의 (a)와 같은 고전학파의 총체적수요곡선이다.

즉 P·y는 재화 및 서비스에 대한 명목수요이고 이는 통화량에 의존하고 있다. 이 같은 논리는 아래와 같은 케임브리지 학파의 화폐수량설에서 더욱 명료해진다.

$$\text{화폐량 } M = \text{화폐수요량 } M^d = k \cdot P \cdot y \quad \cdots\cdots (6.6)$$

여기서 k는 1/V과 같다. 그러므로 식 6.5와 식 6.6은 동일한 것이다. 식 6.6에서 k가 일정할 때, 화폐량 M이 증가하면 $M > k \cdot P \cdot Y$가 되어 화폐의 초과 공급이 발생하게 되고 이는 재화에 대한 초과수요를 반영했다고 가정했다. 고전학파는 정부수요, 투자수요 등에 의해 산출량에 대한 수요가 증가해도 총체적 수요가 영향을 받지 않는다. 한 부분에서 수요가 변화하면 이자율의 조정과정이 발생한다. 고전학파 모형에서는 이자율이 안정화 역할을 수행하며 부분의 수요변화가 총체적 수요에 영향을 미치지 않도록 한다.

케인지안의 총체적 수요곡선도 우 하향한다. 그러나 고전학파 와 케인지안 사이에는 중요한 차이가 있다. 고전학파의 총체적 수요곡선은 단지 화폐스톡에 의해서만 이동한다. 케인지안의 총체적 수요곡선은 정부지출 g, 조세 t, 투자지출 I, 화폐량 M 등과 같은 변수에 달려있다. 그리고 이들 중 어느 변수 하나라도 변화하면 총체적 수요곡선도 이동된다. 케인지안 모형에서는 이자율이 부분의 수요변화에 의해 총체적 수요를 완전히 격리시키지는 않는다.

케인즈는 투자수요의 불안정이 소득의 주기적 변동의 중요한 요인이라고 생각했다. 그리고 예상의 변화에 의한 자발적인 투자수요의 변화는 총체적 수요함수를 이동시킨다. 고전학파는 투자의 불안정에 대해 총체적 수요를 안정화시키기 위한 재정정책이 필요 없을 뿐 아니라 안정화 가능도 수행치 못한다고 생각한다. 고전학파 모형에서 총체적 수요가 불안정하게 되는 유일한 원인은 화폐수요량의 변화에 있다고 생각했다. 따라서 화폐스톡의 안정만이 유일한 정책이다.

6.7.2 총체적 공급

고전학파의 총체적 공급함수는 그림 6.16의 (a)에서와 같이 수직으로 나타난다. 총체적 공급함수가 수직인 이유는 노동시장에 대한 그들만의 가정 때문이다. 노동의 수요와 공급은 모든 사람들이 알고 있는 실질 임금에만 의존한다고 가정했기 때문이다. 명목화폐임금은 완전히 신축적이어서 수요와 공급이 일치하도록 완벽하게 작용한다고 보았다. 총체적 공급곡선이 수직이기 때문에 산출량과 고용량은 공급측면에 의해서만 결정된다. 총체적수요는 산출량에 어떠한 영향도 주지 않는다.

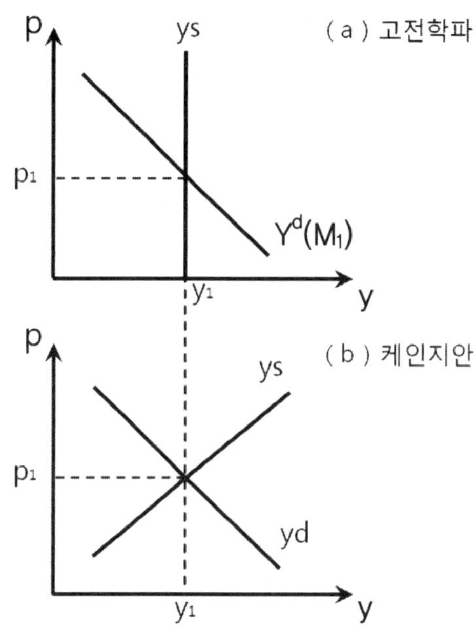

[그림 6.16] 고전학파와 케인지안

단기에 있어 케인지안의 총체적 공급곡선은 우 상향한다. 생산설비를 완전히 가동시킬 경우의 산출량수준에 훨씬 미치지 못하는 산출량 수준에서는 총체적공급곡선은 수평의 모양을 하지만, 생산 설비를 완전 가동시키는 경우에 가까이 올수록 경사는 가파르게 된다. 케인지안은 화폐임금의 경직성과 사람들의 실질임금에 대한 충분치 못한 정보로 따른 물가수준의 예상을 가정했다. 따라서 노동시장은 항시 완전고용상태에 도달할 수 없다고 보았다. 실질산출량과 고용량은 완전고용 산출량을 결정하는 공급측면의 요인들에 의해 전적으로 결정되는 것은 아니다.

고전학파도 화폐임금이 경직적이라면 총체적 공급곡선은 우 상향의 모양을 갖는다. 경제적인 화폐임금 하에서라면 산출량이 총체적 수요에 의해 영향을 받는다. 그래서 일부 경제학자들은 케인즈와 고전학파 간의 차이점으로서 화폐임금의 경직성을 들고 있다. 그러나 차이점은 공급측면에만 있는 것이 아니다. 총체적 수요이론은 케인즈와 고전학파간에 상당한 차이를 보이고 있다.

그림 6.16의 (b)에 나타난 우 상향의 케인지안의 총체적 공급곡선은

장기 균형상태가 아닌 단기에 적합한 것이며 그래서 이를 단기 공급곡선이라 불렀다. 화폐임금으로 임금협약이 이루어지는 명시적인 장기계약, 또는 묵시적 계약 또는 상대적 임금격차에 대한 당위성 인식 등과 같은 요인들은 경제를 완전고용수준으로 복귀시키는데 필요한 임금조정에 다소간의 장애요인으로 작용하지만 영원히 완전고용으로의 복귀를 불가능하게 하는 것은 아니다. 노동공급자의 입장에서 볼 때 실질임금에 대한 불안전한 정보도 단기적 현상이며 장기적으로는 실질임금에 대한 충분한 정보를 인식하게 된다. 그러므로 케인지안도 장기적으로는 경제가 완전고용에 접근할 것이라는 것을 부인하지는 않는다.

참고문헌

Abel, A.B. and Bernanke, B.S.(2001), Macroeconomics, 4th edn, New York : Addison-Wesley.

Ackley, G.(1966), Macroeconomic Theory, New York : Collier-Macmillan.

Arnold, L.G.(2002), Business Cycle Thery, Oxford : Oxford University Press.

Barro, R.J.(1979), 'Second thought on Keynesian Economics', American Economic Review, May.

Barro, R.J.(1993), Macroeconomics, 4th edn, New York : John Wiley.

Blanchard, U.J.(2003), Macroeconomics, 3th edn, New Jersey : Prentice-Hall.

DeLong, J.B.(2001), Macroeconomics, Burr Ridger : McGraw-Hill Higher Education.

Dornbush, R., Fischer, S. and Startz, R.(2004), Macroeconomics, 9th edn, New York : McGraw-Hill.

Fischer, S.(1993), 'The Role of Macroeconomic Factors in Growth', Journal of Monetary Economics, December.

Gordon, R.J.(2003), Macroeconomics, 9th edn, New York : Addison-Weley.

Hall, R.E. and Taylor, J.B.(1977), Macroeconomics, 5th edn, New York : W.W. Norton.

Hamberg, D.(1971), Models of Economic Growth, New York : Happer and Row.

Keynes, J.M.(1936), The General Theory of Employment, Interest Rate and Money, London : Macmillan.

Landes, D.S.(1990), 'Why Are We So Rich and They So Poor?', American Economic Review, May.

Lucas, R.E. Jr(1987), Models of Business Cycles, Oxford : Basil Blackwell.

Mankiw, N.G.(2007), Macroeconomics, 7th edn, New York : Worth.

McDonald, I.M.(1992), Macroeconomics, New York : John Wiley.

Porter, M.(2003), 'The Economic Performance of Regions' Regional Studies,

August/October.

Sargent, J.J.(1977), Macroeconomic Theory, New York : Academic Press.

Ying, L.G.(1999), 'China's Changing Regional Disparities During the Reform Period', Economic Geogaphy, January.

찾아보기

▨ 저자 약력

이 주 훈

- 한국외국어대학교(정치학사 1978)
- 한국외국어대학교(경제학석사 1984)
- 한양대학교(경제학박사 1990)
- 한서대학교(국제통상학과 조교수, 정교수 1992~현재)
- 저서 : 『미시경제학의 이해』(계축문화사, 1997) 외 다수
- 논문 : 『충남지역의 경제발전을 위한 산업구조분석』 외 다수

경제 순환과 IS-LM 분석 값 12,000원

2009년 12월 21일 1판 인쇄
2009년 12월 30일 1판 발행

저 자 : 이 주 훈
발 행 인 : 주 영 일
발 행 처 : 계 축 문 화 사

서울특별시 종로구 행촌동 209-41
우편번호 110-091
TEL : 735-2257·738-9746
FAX : 723-9025
1973. 10. 31 등록번호 제300-1973-8호
ISBN 978-89-5629-186-4 93320